U0128473

中国古代国家治理丛书

明代国家治理

朱明基业

Zhuming Jiye

著 马平安

团结出版社

图书在版编目（CIP）数据

朱明基业 / 马平安著 . -- 北京：团结出版社，
2023.10
  ISBN 978-7-5234-0345-7

  Ⅰ.①朱… Ⅱ.①马… Ⅲ.①政治制度史－研究－中
国－明代 Ⅳ.① D691.2

  中国国家版本馆 CIP 数据核字（2023）第 150163 号

出　版：团结出版社
　　　　（北京市东城区东皇城根南街 84 号　邮编：100006）
电　话：（010）65228880　65244790（出版社）
　　　　（010）65238766　85113874　65133603（发行部）
　　　　（010）65133603（邮购）
网　址：http://www.tjpress.com
E-mail：zb65244790@vip.163.com
　　　　tjcbsfxb@163.com（发行部邮购）
经　销：全国新华书店
印　装：三河市东方印刷有限公司

开　本：170mm×230mm　16 开
印　张：14.5
字　数：223 千字
版　次：2023 年 10 月　第 1 版
印　次：2023 年 10 月　第 1 次印刷

书　号：978-7-5234-0345-7
定　价：53.00 元

前言　明朝政治的特色

在源远流长的历史长河中，明朝是中国传统帝制社会最后两个王朝（明、清）之一。明朝1368年建立，1644年灭亡，时间长达二百七十六年，共十六帝（不含南明诸帝）。与汉、唐相比，明朝多少有点逊色。无论文治武功，还是典章建制，都难以绍汉追唐。即便如此，这个王朝还是深深地烙下了自己的印记。尤其是政治制度与国家治理方面，也有一些地方超越了前代。

明朝是中国传统君主制度进一步向专制方向发展的关键时期。绝对君权的出现，不可避免地导致在政治体制上，与前代诸王朝相比，发生了一些新的变化。

其一，废除丞相，皇帝直接监管中央政府各部门。在中央行政体制上，朱元璋以历代丞相多擅权为由，于洪武十三年（1380年）罢丞相、废除中书省，对国家政治体制进行了重大的改革，使吏、户、礼、兵、刑、工六部各不相属而直隶于皇帝，并令后代不得再置丞相。与此同时，明初所置大都督府也罢而不设，改以中、左、右、前、后五军都督府各领其都司卫所。兵部有出兵之令而无统兵之权，五军都督府则有统兵之权而无出兵之令，以此将兵权分割。不久，明太祖又设立都察院和大理寺，与刑部合称"三法司"。刑部掌天下刑名，都察院掌纠察百官，大理寺掌核阅案卷及驳正违失，朝廷一切重大案件都由三法司会审，最后由皇帝裁决。此外，还创设通政使司，掌内外章疏敷奏封驳之事。关于明初政治制度改革，朱元璋说得很是明白："我朝罢丞相，设五府、六部、都察院、通政司、大理寺各衙门，分理天下庶务，彼此颉颃，不敢相压，事皆朝廷总之，所以稳当。"[1] 这样，皇帝就集国家政治、军事、司法等大权于一身，直接统领与监督

---

[1] 《明太祖实录》卷239。

百官的日常行政事务，从而使明朝政体明显地呈现出了君主独裁的典型特色。

其二，在最高统治集团决策体制上，形成由皇帝、内阁首辅、司礼监掌印太监三方组成，共同完成决策的机制。国家政事往往先由内阁草拟意见，然后由首辅报皇帝批准，最后由司礼监掌印太监用印，下发六部等各职能部门实施。明初废丞相后，皇帝权力高度集中。然而，国家大事千端万绪，非君主一人所能周遍，于是朱元璋不得不设内阁于宫廷，以大学士担任顾问兼秘书的职务帮助他处理万机。起初，内阁既非官署亦非官名，只是简任文臣入直文渊阁，预机务。阁臣品秩低，不兼部务，又无官属，不能直接指挥行政。但是，迨仁、宣朝，大学士位高权重，久而久之，内阁之权逐渐在六部之上，形成了内阁"虽无相名，实有相职"①的局面。特别是至世宗中叶阁臣"夏言、严嵩迭用事，遂赫然为真宰相，压制六卿"②了。至于张居正在万历初十年的内阁权力独大，则是因为明神宗年幼，加上太后与司礼监掌印太监冯保支持，内阁一度代摄了皇权而已，不能视为常例。纵观有明一代，内阁大学士虽然位尊权重，但独立发挥其权力的机会则甚少。一方面，他们内要受制于宦官掣肘。内阁的职务止于"票拟"，而代皇帝批答奏章的"批红"权，则归司礼监。司礼监的意见，便成为皇帝的意旨，内阁不得不奉行。另一方面，他们外要受制于部院大臣和掌"封驳"之权的六科的监督。"凡大事廷议，大臣廷推，大狱廷鞫，六掌科皆预焉。"③而六科给事中与各道御史往往又遇事生风，党同伐异，造成廷臣派系林立，纷争不休，这在一定程度上纠正了秦汉隋唐或者宰相专权祸国，或者宦官操纵朝政的弊端，因此，虽然明朝中后期诸帝治国理政的能力平平，有的皇帝甚至几乎不理政务，但国家的决策大权仍然能够操纵在君主的手中，朝政一直能够平稳地运作。

其三，创设锦衣卫、东厂、西厂特务机构。洪武十五年（1382年），朱元璋

---

① 《明世祖宝训》卷6。
② 《明史》卷72，《职官志一》。
③ 《明史》卷74，《职官志三》。

为加大对臣僚的控制、刺探臣僚的私下言行，特别设置了锦衣卫，下设镇抚司，有监狱和法庭，从事侦察、逮捕、审问、判刑等活动，称为"诏狱"。永乐十八年（1420年），明成祖朱棣又设立东厂，以宦官控制，性质基本与锦衣卫同。成化十三年（1477年），明宪宗朱见深在东厂基础上，进一步设立西厂。厂卫制度是为加强皇权而设，是明朝君主集权的产物。

其四，实行以都察院、六科等机构为核心的监察制度。明朝的监察制度汲取了宋元的长处，并形成了自己的特点。明朝的监察机构是御史台与六科并立。明初沿元制，在中央设御史台作为监察机构。朱元璋重视监察，曾诏谕御史大夫："国家立三大府，中书总政事，都督掌军旅，御史掌纠察。朝廷纪纲尽系于此，而台察之任尤清要。卿等当正己以率下，忠勤以事上，毋委靡因循以纵奸，毋假公济私以害物。"在《左右御史大夫诰》中，又要求他们"绳愆纠缪，申纲理目，使彝伦攸叙，井井绳绳，所以天下康宁"①。洪武十三年（1380年），明太祖朱元璋改革监察机构，"罢御史台"。洪武十五年（1382年），置都察院。都察院与六部平级，都御史与六部尚书合为七卿，"职专纠劾百司，辨明冤枉，提督各道，为天子耳目风纪之司"，"凡大臣奸邪、小人构党、作威福乱政者"，"凡百官猥茸贪冒坏官纪者"，"凡学术不正、上书陈言变乱成宪、希进用者"②，均要加以弹劾。明朝与都察院相辅而行的另一个监察机构是六科，即按六部每部置一科，每科设给事中若干人，职责是"掌侍从、规谏、补阙、拾遗、稽查六部百司之事"③，可以对朝政提出批评意见并举劾六部中违法官员，起到对六部官员监察的作用。

其五，专门设立负责各地上奏的机构——通政司。朱元璋认为："政犹水也，欲其常通，故以'通政'名官。卿其审命令以正百司，达幽隐以通庶务。当执奏

---

① 朱元璋：《御制文集》卷4，《左右御史大夫诰》。
② 《明史》卷73，《职官志二》。
③ 《明史》卷74，《职官志三》。

者勿忌避，当驳正者勿阿随，当敷陈者勿隐蔽，当引见者勿留难。"为此，洪武十年（1377年），朱元璋又单独建置通政司，其职责是"掌受内外章疏敷奏封驳之事"。通政使"凡议大政、大狱及会推文武大臣，必参预"①，其地位仅次于都御史，居于七卿以下的最高位次。通政司的设立，在一定程度上弥补了御史和给事中的不足和漏洞。

其六，在地方行政体制上，设立承宣布政司、提刑按察使司和都指挥使司，合称"三司"，分掌地方行政、司法和军事事务，"三司"各司其职，互相监督与牵制。明初地方行政体制，踵袭元代，置行中书省，统揽地方兵、刑、钱、谷等事，职权甚重，具有较强的割据性。洪武九年，改行中书省为承宣布政司。"承宣布政"四个字，清楚地道出了明朝中央与地方关系的基本特点。布政使掌民政与财政，提刑按察使掌刑狱，都指挥使掌军政，三衙门互不统属，分别隶属于朝廷各部院，这就大大加强了中央对地方的控制，削弱了地方的割据性。不过，这种布、按、都三司鼎立，互不相统，虽然有效地加强了中央对地方的控制能力和垂直统治，防止了地方权力的膨胀，但也带来了运转不灵的弊病。所以，明中期以后，朝廷又以部院大臣出任总督、提督、巡抚各差，以凌驾于三司之上，用来分割三司的事权，从而进一步加强了中央对地方的控制。在基层社会，朱元璋建立起一套严密的里甲体系，并推行连保连坐制度，规定百姓邻里之间要相互知晓家庭人口和职业情况，并要求百姓严厉稽查拿办游民逸夫，从而把民众牢牢控制在政府的监管体系之中。另外，粮长制也是明初出现的一种乡里最基层的制度，主要在南方各省实行，为政府承担赋税而设。

其七，在边疆地区推行灵活、务实以怀柔为主、因俗而治的民族政策。明朝政府对边疆地区的治理，从"踵元故事"，实行以当地少数民族首领管理当地事务的"土司制度"，逐步发展到"土流合治""改土归流"。在西藏、新疆、青海、甘肃及东北少数民族地区，明朝政府采取了带有军事化性质的羁縻都司和卫所

---

① 《明史》卷73，《职官志二》。

制。在西藏，明朝曾设置朵甘、乌斯藏两个都指挥使司，西藏的最高僧官大法王和高级僧官也都由明朝任免。在新疆、青海、甘肃等西北地区，明朝主要设置卫所进行管辖，因为这一带明朝与蒙古贵族争夺控制权的斗争十分激烈，明朝实行以军事作战为主、军政合一的卫所制是十分有效的。在东北女真族居住区，明政府除在黑龙江、乌苏里江地区设置了最高行政机构奴尔干都司外，还在其辖区设置了三百多个卫所。都司设都指挥使、都指挥同知、都指挥佥事，都由明政府任命。都司直属中央政府管辖，卫所官员也要由明政府发给委任状、印信、官服。都指挥司及卫所官员既是女真各部族首领，又是明朝地方官，明朝通过这些少数民族上层人物对东北地区进行管理，大大加强了朝廷对边疆少数民族地区的治理与向心力，客观上对促进边疆地区的政治、经济、文化的进步，促进统一多民族国家的巩固与发展，都起过一定的积极作用。①

　　其八，推行文化专制政策。为了巩固和加强中央集权，明朝统治者注意推行文化专制政策，实行程朱理学对思想界的绝对垄断。明政府提倡阅读儒家经典，并把儒家思想的要旨概括为"敬天""忠君""孝亲"三项，教育臣民要绝对忠诚于君主。明朝政府比较重视文化教育与科举选官相结合，通过学校普及政府的法律法令以及选拔人才。明代学校有两种类型：官学和私学。官学由政府出资兴办、派员管理，包括中央的国学、地方的府州县学、内府的内书堂，以及宗学、武学等；私学则是由政府提倡、民间集资兴办，或全由民间筹办，包括社学、乡学、里塾、书院等。《明史·选举志》曰："明制，科目为盛，卿相皆由此出。"②《明会典》曰："天下英俊之士，非此不得进用。"③可见科举在明代教育和人事制度中的地位。

　　上述几点，应该是明朝政治中最富有特色的地方。

---

① 参见齐涛主编，朱亚非著：《中国政治通史》(8)，《精致极权的明朝政治》，泰山出版社 2003 年版，第 16—17 页。
② 《明史》卷 69，《选举志一》。
③ 《明会典》卷 77，《科举》。

明朝是中国古代史上中央集权高度完善的一个重要时期。明朝前期，强大、高度的中央集权制，具有积极的国家职能，在维护多民族国家领土的完整，防止权臣祸国，保持良好的中央与地方关系，促成社会经济繁荣，对外积极开展外交活动等方面都起过积极的作用。这时社会秩序稳定，文化繁荣，中外交往频繁，农业、手工业、商业都有一定的发展，直到十五世纪，中国仍处于世界先进国家之列。[①] 但明代强大的中央集权，如果不是由积极进取的统治集团来操纵，而为腐朽自私的统治者所拥有，因为无所制约，政治腐败就会迅速地破坏有效、稳定的政治、社会秩序。明朝中后期，因为皇帝荒政，宦官弄权，党争激烈，官僚贪污成风，社会崇拜金钱、追求奢侈的风气弥漫，各种矛盾急剧发展并不可避免地尖锐起来。在这种情况下，后金乘机崛起，农民反政府风暴不断高涨。到十七世纪中期，明王朝在内忧外患中无奈走向了灭亡。

前车之鉴，这个朝代有很多的经验教训值得后人反思。

[①] 参见白钢主编，杜婉言、方志远著：《中国政治制度通史》，第 9 卷，明代，人民出版社 1996 年版，第 492 页。

目　录

第一章　洪武奠基

1368 年正月初四，朱元璋登基称帝，建立明朝，建都南京，年号洪武。新王朝建立伊始，百废待兴。第一，统治秩序亟待恢复和重建；第二，恢复与发展社会经济；第三，继续完成平定各地残余的敌对势力，达到一统天下、巩固统治的目的。在完成建国大业、巩固明朝统治的过程中，1380 年，明太祖朱元璋废除了中书省及丞相制，分中书省和丞相的权力于六部，由六部尚书直接对皇帝负责。废除丞相制度，标志着秦汉以来持续了一千五百多年的君权与相权的斗争，以君权完全胜利而告一段落，以君主专制的中央集权制度，至此进入了一个崭新的阶段，中国封建专制主义的统治达到了空前的程度。朱元璋的各方面治理举措，奠定了明王朝二百七十六年统治的基础。

明朝建立后，明太祖朱元璋在继续进行统一战争的同时，着手建立封建统治秩序。他重视对历史经验的汲取与借鉴，对历史上曾建都于南京的六朝兴亡事迹尤其注意，把唐人李山甫《上元怀古诗》书置屏间，并经常吟咏："南朝天子爱风流，尽守江山不到头。总是战争收拾得，却因歌舞破除休。尧行道德终无敌，秦把金汤可自由。试问繁华何处在，雨苔烟草古城秋。"为保证朱明王朝长治久安，明太祖对政治制度进行了大胆的改革和创新，将皇权专制发展到了一个更高的阶段。

一、废中书省和丞相制

明太祖朱元璋建立明朝初期，仍然采用元朝的政治制度，在中央设中书省，由左右丞相总理吏、户、礼、兵、刑、工六部事务；在地方设行中书省，统管地方军政事务。这一制度，从中央政府来说，大部分权力掌握在丞相手中，地方上的行中书省总揽军政事务，权力也很大。这样的权重震主的权力机构与主张对权力控制欲极大的朱元璋来说，当然是不满意的。他说："人君不能独揽庶政，故大臣得以专权自恣。"①"设相之后，臣张君之威福，乱自秦起。宰相权重，指鹿为马。自秦以下，人人君天下者，皆不鉴秦设相之患，相从而命之，往往病及于国君者，其故在擅专威福。"②朱元璋总结元朝灭亡的原因，认为其中之一就是"委任权臣，上下蒙蔽故也"③。作为开国之君，朱元璋要按照自己的意志来治理天下，这就必须加强皇权，加强中央政府对全国各级各部门的控制。

明太祖加强中央集权首先从削弱地方权力开始。

洪武九年（1376年），明太祖下令，改行中书省为承宣布政使司，设左、右布政使各一人，掌管民政财政。除南京直辖区外，全国有十二布政使司：浙江、江西、

① 《明太祖实录》卷59。
② 黄佐：《南雍志》卷10，《谟训考》下。
③ 《明太祖实录》卷59。

福建、北平、广西、四川、山东、广东、河南、陕西、湖广、山西。洪武十五年（1382 年），增置云南布政司。各布政司管辖地区，大致仍照元朝行省所辖范围。由于行中书省的名称已经成为习惯，所以一般还是称为行省，俗称省。承宣布政使司和布政使外，各行省另设提刑按察司，设按察使一人，掌管刑法。又设都指挥使司，置都指挥使，掌管军事，与布、按并称三司，为封疆大吏。他们不相统属，但各自均直属中央。这样，原来由行中书省长官总揽的大权，便一分为三，三者互相牵制，凡遇到重大政事，就要有都、布、按三司会议，上报给中央的部院。在一些边远和少数民族地区，则单设都指挥使司等机构，实行军政和民政合一的统治。布政司下的地方政权分为二级：第一级是府，长官为知府；直隶州，即直属布政司的州，长官为知州，其地位和府相等。第二级是县，长官为知县；一般州（也叫属州）的长官为知州，其地位与县相等。这一改革，把元朝的路、府、州、县减少了一级，传达和奉行政令更便捷了。

接着，明太祖又对中央机构进行改革，废除中书省与丞相制度。

明初，中书省大权掌握在左丞相胡惟庸等人手中，他们仍想照宰相的职权来行事。胡惟庸"生杀黜陟，或不奏径行"[①]，汪广洋"浮沉守位"[②]。朱元璋对此不能容忍。因此，在改革地方机构的第二年，即洪武十年五月，朱元璋便命李善长与李文忠"总中书省、大都督府、御史台，同议军国大事"[③]。这是借元勋重臣压制中书省等机构权力的一种措施。洪武十一年，朱元璋又"命奏事毋关白中书省"[④]，彻底架空中书省，洪武十二年，朱元璋杀汪广洋，洪武十三年，朱元璋以组织党羽、收集军马、勾结倭寇和蒙古、请兵为外应等阴谋政变的罪名诛杀胡惟庸。然后，朱元璋乘机废除了中书省及丞相制，分中书省和丞相的权于六部，相对提高六部的职权和地位，由六部尚书直接对皇帝负责。明太祖朱元璋"特诏天下罢中书省，广都府，升六部"，使

① 《明史》卷 308，《胡惟庸传》。
② 朱元璋：《御制文集》卷 7，《废丞相汪广洋》。
③ 《明史》卷 127，《李善长传》。
④ 《明史》卷 2，《太祖本纪二》。

"权不专于一司，事不留于壅蔽"①。即提高六部官秩职权，将大都督府散分为五军都督府，均直属皇帝管辖，从制度上终止了已存在一千五百多年的丞相制度，实现了朱元璋独揽最高军政大权的愿望。洪武二十八年（1395 年），朱元璋诏谕："我朝罢丞相，设五府、六部、都察院、通政司、大理寺，分理天下庶务，彼此颉颃不敢相压，事皆朝廷总之，所以稳当。以后嗣君并不许立丞相，臣下敢有奏请设立者，文武群臣即时劾奏，处以重刑。"在《皇明祖训》首章中，亦书明"以后子孙做皇帝时，并不许立丞相"。还将祖训"立为家法"，"后世敢有言更改祖法者，即以奸臣论，无赦"②。

二、置都察院、大理寺、通政司与六科

1. 都察院

元朝中央的监察机构是御史台，朱元璋对它也进行了改革。明初，沿元制，在中央设御史台作为监察机构，设左、右御史大夫，从一品，以勋臣邓愈、汤和分任；御史中丞，正二品，由刘基、章溢担任；侍御史，从二品。朱元璋重视监察，曾诏谕御史大夫："国家立三大府，中书总政事，都督掌军旅，御史掌纠察。朝廷纪纲尽系于此，而台察之任尤清要。卿等当思正己以率下，忠勤以事上，毋委靡因循以纵奸，毋假公济私以害物。"在《左右御史大夫诰》中，又要求他们"绳愆纠缪，申纲理目，使彝伦攸叙，井井绳绳，所以天下康宁"。③洪武十三年，因为胡惟庸一案，朱元璋改革监察机构，"罢御史台"，撤御史大夫，把中丞分为左、右中丞，把侍御史分为左、右，并降为四品，而分巡之监察御史如故。洪武十五年，更置都察院，设监察都御史八人，正七品；十二道监察御史九品。洪武十六年，升院为正三品衙

---

① 《明太祖实录》卷 129；《明史》卷 76，《职官志五》。
② 《明太祖实录》卷 239、卷 241。
③ 朱元璋：《御制文集》卷 4，《左右御史大夫诰》。

门，设左、右都御史各一人，三品；左、右副都御史各一人，四品；左、右佥都御史各二人，五品。洪武十七年（1384年），升左、右都御史为二品；左、右副都御史为三品；左、右佥都御史为四品，三者均称都察院堂上官。十二道监察御史，七品。至此，都察院与六部平级，都御史与六部尚书合为七卿。都察院"职专纠劾百司，辨明冤枉，提督各道，为天子耳目风纪之司"。都御史除负责处理院内及十三道的行政事务外，要行使弹劾、监察的权力，对"凡大臣奸邪、小人构党、作威福乱政者"，"凡百官猥茸贪冒坏官纪者"，"凡学术不正、上书陈言变乱成宪、希进用者"①，均要加以弹劾。

2. 大理寺

大理寺，是朱元璋所创设的一个"专掌详谳"的慎刑机构，与刑部、都察院合称"三法司"。朱元璋这样设置的目的，显然是使司法部门也互相牵制，而不能由某一个部门独断专行。大理寺长官为大理寺卿。凡刑部、都察院、五军断事官所推问狱讼，皆移案牍、引囚徒，由大理寺复审，"凡狱既具，未经本寺评允，诸司毋得发遣。误则纠之"。明初，大理寺时置时革，"吴元年置大理司卿，秩正三品。洪武元年革。三年置磨勘司，凡诸司刑名、钱粮，有冤滥隐匿者，稽其功过以闻。寻亦革。（洪武三年置磨勘司，设司令、司丞。七年增设司令一人，司丞五人，首领官五人，分为四科。十年革。十四年复置磨勘司，设司令一人，左、右司丞各一人，左、右司副各一人。二十年复罢。）十四年复置大理寺，改卿秩正五品，左、右少卿从五品，左、右寺丞正六品。其属，左、右寺正各一人，寺副各二人，左评事四人，右评事八人。又置审刑司，共平庶狱。凡大理寺所理之刑，审刑司复详议之。（审刑司设左、右审刑各一人，正六品；左、右详议各三人，正七品。）十七年改建刑部、都察院、大理寺、审刑司、五军断事官署于太平门外，名其所曰贯城。十九年罢审刑司。二十二年复，卿秩正三品。（少卿二人，正四品；丞三人，正五品。其左、右寺官如故。）二十九年又罢，尽移案牍于后湖。建文初复置，改左、右寺为司，寺正为都评

---

① 《明史》卷73，《职官志二》。

事，寺副为副评事，司务为都典簿。（司务，洪武二十六年置。）"①

3．通政使司

洪武十年（1377 年）建置。当初建立这一机构时，朱元璋对任通政使的曾秉正和刘仁说："政犹水也，欲其常通，故以'通政'名官。卿其审命令以正百司，达幽隐以通庶务。当执奏者勿忌避，当驳正者勿阿随，当敷陈者勿隐蔽，当引见者勿留难。"其职责是"掌受内外章疏敷奏封驳之事"。无论什么级别官署上奏，都必须经过通政司。通政使"凡议大政、大狱及会推文武大臣，必参预"②，其地位仅次于都御史，居于七卿以下的最高位次。

4．六科给事中

明初，朱元璋为加强对百官的监察，在中央还设立了一个独立的机构，这就是六科给事中。洪武六年，设给事中十二人，正七品，开始分为对应于六部的六科，每科二人，有给事中印，推举年长的一人掌管。以后人数、隶属屡有变动，一度多至八十一人。洪武二十四年，每科增设都给事一人，正八品。左、右给事中各一人，从八品。各科则随公务之繁简分别制定员额，吏科四人，户科八人，礼科六人，兵科十人，刑科八人，工科四人，合共四十人，正九品。给事中兼有谏议、补阙、拾遗等职，与御史分掌言与察，有着明确的分工。

三、设锦衣卫以控制臣下

朱元璋要臣僚对他绝对忠诚，不允许他们有所隐瞒或有所不满。为此，他往往派人用特务手段侦察臣僚的私下言行。当时最著名的是高见贤、夏煜、杨宪和凌说。"四人以伺察搏击为事"③，他们专主察听在京大小衙门官吏不公不法及风闻之事，无不奏闻。甚至连李善长等人也怕他们，日夜提心吊胆。钱宰被征编《孟子节文》，罢

---

① 《明史》卷 73，《职官志二》。

② 《明史》卷 73，《职官志二》。

③ 《明史》卷 135，《夏煜传》。

朝回家吟诗："四鼓鼕鼕起着衣，午门朝见尚嫌迟；何时得遂田园乐，睡到人间饭熟时。"第二天上朝时，朱元璋问他：昨天作的好诗，但我并没有"嫌"你啊，何不用"忧"字。钱宰吓得直磕头谢罪。① 吏部尚书吴琳告老回到自己的家乡黄冈，朱元璋不放心，派人去察看他的行迹，等使者回报说吴琳在家老实务农时，朱元璋才放下心来。国子祭酒宋讷"危坐有怒色"，第二天朝见时，朱元璋问他昨天为什么发怒，宋讷大吃一惊，把发怒的原因如实说了，问"陛下何自知之"，朱元璋把派人偷着给他画的像拿出来给他看。②

朱元璋刺探臣僚的私下言行，开始时，只是派一些检校、佥事等类的官吏去侦察，没有一个机构，不能直接逮捕判刑，于是，到洪武十五年（1382 年），朱元璋特别设置了锦衣卫。锦衣卫的前身是吴元年（1367 年）所设的拱卫司，洪武二年改为亲军都尉府，洪武十五年才改为锦衣卫，下设镇抚司，有监狱和法庭，从事侦察、逮捕、审问、判刑等活动，称为"诏狱"。

四、创建卫所和军制

军队是国家政权的主要部分，明初统治者特别注意对军队的管理和建设。《明史·兵志·序》说："明以武功定天下，革元旧制，自京师达于郡县，皆立卫所。"卫所为明军的基本编制。

朱元璋渡江以后，所率军队不断扩大，编制不一，将校的称呼也很混乱。因此，他于龙凤十年（1364 年）四月，立部伍法，"下令曰：为国当先正名，今诸将有称枢密、平章、元帅、总管、万户者，名不称实，甚无谓。其核诸将所部，有兵五千者为指挥，满千者为千户，百人为百户，五十人为总旗，十人为小旗。令既下，部伍严明，名实相副，众皆悦服，以为良法"③。明朝建立后，"自京师达于郡县，皆立卫

① 《明史》卷 138，《吴琳传》。
② 《明史》卷 137，《宋讷传》。
③ 《明太祖实录》卷 14。

所"①。在军事上，重要的地方设卫，次要的地方设所。大抵五千六百人为一卫，长官为指挥使，管辖五个千户所。每个千户所额定一千一百二十人，长官为千户。千户所下分十个百户所，一个百户所额定一百一十二人，长官为百户。百户所设总旗二，每个总旗下设五个小旗，每个小旗额定十人。"大小联比以成军"②。都指挥使司是地方上的最高军事机构。洪武初，全国卫所、都指挥使司皆统属于大都督府，朱元璋任命他的亲侄儿朱文正为都督，节制中外诸军事。洪武十三年（1380年）废丞相制时，也废大都督府，设中、左、右、前、后五军都督府，其长官为左右都督，分别管理京师及各地的卫所和都指挥使司。

明太祖朱元璋为了防范统兵将领的专权，又规定五军都督府对军队无调遣权，调遣权由皇帝直接掌管；兵部在军队中虽有任免、升调、训练之权，但不统兵。每逢战时，由皇帝亲自委派专人担任总兵官，统率卫所军队出征。战事结束，总兵归还将印，军队回归卫所，军队始终掌握在皇帝手中。这是朱元璋从军事上加强和巩固皇权的重要措施。据洪武二十五年统计，全国共有军队约一百二十万。到洪武二十六年，全国"共计都司十有七，留守司一，内外卫三百二十九，守御千户所六十五"③。按照这一卫所数来推算，当时全国士兵约有一百八十余万。精锐的军队多驻在京师，朱元璋在南京一带设有四十八卫，有军士二十余万。④

五、颁行《大明律》与御制《大诰》

朱元璋在建立明王朝封建秩序时，非常重视对法律的制定与实施。在《大明令·序》中，朱元璋强调"律令者，治天下之法也。令以教之于先，法以齐之于后"，并

---

① 《明史》卷89，《兵志一》。
② 《明史》卷90，《兵志二》。
③ 《明史》卷90，《兵志二》。
④ 参见南炳文、汤纲著：《明史》（上），上海人民出版社2014年版，第81—82页。

强调"纪纲法度，为治之本"①。因此，吴元年十月，朱元璋就命中书省定律令，以左丞相李善长为总裁官，参知政事杨宪，御史中丞刘基，翰林学士陶安等二十人为议律官，讨论制定。李善长等提出："历代之律，皆以汉《九章》为宗，至唐始集其成。今制宜遵唐旧。"朱元璋同意以唐律为蓝本着手制定明律。同年十二月，"书成，凡为令一百四十五条，律二百八十五条"。"又恐小民不能周知，命大理卿周桢等取所定律令，自礼乐、制度、钱粮、选法之外，凡民间所行事宜，类聚成编，训释其义，颁之郡县，名曰《律令直解》。"后来，朱元璋觉得所定律令还不够完善，"尚有轻重失宜"之处，决定继续修订。洪武六年（1373 年）夏"刊《律令宪纲》，颁之诸司"。同年闰十一月，朱元璋又命刑部尚书刘惟谦详定《大明律》，"每奏一篇，命揭两庑，亲加裁酌"。洪武七年二月书成，颁行天下，篇目一准于唐，共计六百有六条，分为三十卷。从吴元年起到洪武六年，经过前后七年的反复修改，基本上完成了明律的制定。以后在贯彻实施中对原来的律条又有所增损，因此，洪武二十二年（1389 年）刑部又奏请更定了一次，"取比年所增者，以类附入"②。重新整齐编订，直到洪武三十年才正式颁布。《大明律》有三十卷，四百六十条，成为有明一代的根本法、决狱的依据。

　　《大明律》的规定尽管相当详细，但复杂的社会生活与情况的千变万化毕竟不可能为之囊括无遗。为了解决这个矛盾，以便把《大明律》贯彻到社会的各个方面，朱元璋命人汇集官民"犯罪"事例来解释律条，条为《大诰》七十四条，并于洪武十八年颁布实施。洪武十九年又颁《大诰续编》八十七条、《三编》四十三条，要求一切官民诸色人等，户户皆有一本，臣民熟观为戒，并且规定如果家里有一本《大诰》的，犯罪时可减一等判刑，没有的就要加一等判徒。并令天下府、州、县民，每里置塾，塾置师，聚生徒教诵御制《大诰》，欲其自幼知所遵守。阅三岁，为师者率其徒至礼部背诵，视其所诵多寡次第赏之。洪武三十年，天下讲读《大诰》师生来

① 《明太祖实录》卷 21。
② 《明史》卷 93，《刑法志一》。

朝者凡十九万三千四百余人。洪武二十一年（1388年），朱元璋又颁赐天下《大诰武臣》三十二条，令其子弟诵习。洪武年间，在朱元璋的督促下，《大明律》与《大诰》作为"绳顽"治国的工具得到了较好的贯彻和实施。

六、仿效周制，推行宗藩制度

明太祖朱元璋立国后，总结西周以来的历代统治经验，认为分封制是巩固统治的良式，因此在建国后，很重视封建藩王的制度建设。

朱元璋共有二十六子，除长子朱标立为太子，最小的两个儿子夭折外，其他二十三个儿子和一个侄子都被封为藩王。朱元璋给藩王的任务是"夹辅王室"①，磐石社稷。这就是以分封在各地的藩王来护卫中央政府，巩固皇权。洪武三年，朱元璋开始实行宗藩制度。关于实行宗藩制度的原因，他对臣下解释说："天下之大，必建藩屏，上卫国家，下安生民。今诸子既长，宜各有爵封，分镇诸国。朕非私其亲，乃遵古先哲王之制为久安长治之计。"②从洪武三年到洪武二十四年，朱元璋的封藩主要有三次，将皇太子朱标以外的其他诸子均封为亲王，并封重孙朱守谦为靖江王。

根据封爵典制，皇子封亲王，冕服、车旗、邸第下天子一等，公侯大臣见亲王都要俯伏拜谒；亲王嫡长子年及十岁立为王世子，长孙立为世孙，冠服视一品；亲王其他诸子年满十岁封为郡王；郡王嫡长子为郡王世子，嫡长孙则授长孙，冠服皆视二品；郡王其他诸子授镇国将军，孙授辅国将军，曾孙授奉国将军，四世孙授镇国中尉，五世孙授辅国中尉，六世以下皆授奉国中尉，自镇国将军至奉国中尉品级，洪武中定依次为三品、四品、五品、六品、七品、八品，永乐时分别提升为从一品、从二品、从三品、从四品、从五品、从六品。

朱元璋初行宗藩制度时，曾给予诸王一定的行政权力。如洪武六年（1373年），

---

① 《明史纪事本末》卷14，《开国规模》。

② 《明太祖实录》卷51。

他颁布了专门用以规范皇室和藩王行为的《祖训录》，其中规定："凡王府文武官属，文官及首领官从王于境内选用，武官千户、百户等，于所部军职内选用。"①"凡亲王所自用文武官吏并军士，生杀予夺，从王区处，朝廷毋得干预。""凡王所居国城及境内市井乡村人民，敢有违犯及侮慢王者，从王区处，朝廷及风宪官毋得举问。"②可见，诸王在封地内握有较大的人事权和司法权。其时王府官属还多在行省或都卫兼任高级职务，诸王可通过自己的官属过问地方军政要务。

后来，随着明朝统治的巩固与对国家治理认识的深入，朱元璋为了加强中央集权，本着"分封而不锡土，列爵而不临民，食禄而不治事"③的原则，对诸王的行政权力开始逐步采取限制的措施。如洪武二十八年，朱元璋在颁行的用以取代《祖训录》的《皇明祖训》中，朱元璋就取消了藩王自择文官及首领官的权力，改为"凡王国文官，朝廷精选赴王国任用"。亲王的司法权也被废弃，境内如有侮慢藩王者，不再"从王区处"，而是改为"王即拿赴京来，审问情由明白，然后治罪"。为了防止王府官吏侵扰百姓，还特地加上这样一条规定："若军民人等，本不曾侮慢，其王左右人，虚张声势，于王处诬陷善良者，罪坐本人。"④不过，朱元璋虽然作了种种限制，直到洪武末年，诸王在当地仍有较强的影响力。

尽管朱元璋出于长治久安的考虑以及为加强中央集权的目的逐步削弱了诸王的行政权力，但现实的军事防御需要却使他不得不赋予诸王很大的军事权力。洪武五年，朱元璋令设置亲王护卫指挥司，"每王府设三护卫，卫设左、右、中、前、后五所，所千户二人，百户十人，又设围子手二所，每所千户一人"⑤。各王府的实际护卫人数，"少者三千人，多者至万九千人"⑥，皆由皇帝根据其地理位置冲要而定。在《祖训录》中，对藩王的军事权力也作了明确规定："凡王国有守镇兵，有护卫兵，其守

① 朱元璋：《祖训录·职制》。
② 朱元璋：《祖训录·法律》。
③ 《明史》卷120，《诸王传五》。
④ 朱元璋：《祖训录·法律》。
⑤ 《明太祖实录》卷71。
⑥ 《明史》卷116，《诸王传一》。

镇有常选指挥掌之，听王令旨。凡百征进，若合于理，惟命是听。其护卫兵系本国军马，从王调遣。如本国是险要之地，凡遇有警，不分缓急，本国及常选军马，并从王调遣。"① 根据此项规定，不仅专属王国的护卫兵，就连朝廷派驻于各藩封的守镇兵，基本上也掌握在亲王手中。

洪武时期，退回大漠的元残余势力仍对明朝构成严重威胁，为了加强北部边防，朱元璋决定将北方边疆的防御交给诸王办理，在从东北到西北的边防线上先后分封了辽、宁、燕、谷、代、晋、秦、庆、肃九王，"莫不傅险狭，控要害，佐以元侯宿将，权崇制命，势匹抚军"②。

对于所封的藩王，朱元璋不仅授予他们一定的政治和军事权力，更给予他们优厚的经济待遇。洪武九年（1376 年），朱元璋定诸王岁禄，其标准是：亲王岁支米五万石，纱两万五千贯，锦四十匹，纻丝三百匹，纱、罗各一百匹，绢五百匹，冬、夏布各一千匹，绵二千两，盐二百引，茶一千斤，马匹草料月支五十匹；亲王子未受封者，每岁支拨纻丝、纱、罗各十匹，绢、夏布、木棉布各三十匹，绵二百两；已受封郡王者，每岁支拨米六千石，钞二千八百贯，锦十匹，纻丝五十匹，纱、罗各二十五匹，绢、夏布、木棉布各一百匹，绵五百两，盐五十引，茶三百斤，马匹草料月支十匹；郡王诸子年及十五岁，每位拨赐田六十顷，以为永业，并除租税。③ 洪武二十年，诏令"亲王府岁给米五万石，其盐、茶、布、絮等物罢给"④，这实际上是调低了岁禄数额。到洪武二十八年，朱元璋令"量减各王岁给，以资军国之用"，又制定了新的岁禄标准：亲王一万石，郡王二千石，镇国将军一千石，辅国将军八百石，奉国将军六百石，镇国中尉四百石，辅国中尉三百石，奉国中尉二百石。⑤ 此次调整后的新例，成为有明一代的定制。⑥

---

① 朱元璋：《祖训录·兵卫》。
② 何乔远：《名山藏》卷 36，《分藩一》。
③ 《明太祖实录》卷 104。
④ 《明太祖实录》卷 185。
⑤ 《明太祖实录》卷 242。
⑥ 参见张显清、林金树等著：《明代政治史》（上），广西师范大学出版社 2003 年版，第 194—197 页。

在中国历史上，分封制度曾起到过巩固王朝统治的积极作用，也屡屡发生导致骨肉相残的惨剧。朱元璋的藩王制度同样也不能例外。藩王制度在起到"藩屏国家"、巩固边防、巩固朱明王朝统治的重大作用的同时，也成为明王朝藩王与皇权的矛盾、中央与地方的矛盾、导致明王朝衰亡的重要因素。封藩的隐患在朱元璋死后就暴露无遗。朱元璋去世后，即位的建文帝朱允炆痛感诸王拥兵自重所构成的极大威胁，着手推行削藩政策，燕王朱棣便援引祖训，起兵"靖难"，遂使皇位易主。朱棣即位后，深感藩王的危害，加大了对藩王的控制、削弱措施，收回了大部分藩王的护卫。但尽管如此，在宣德、正德年间，还是发生了三次藩王叛乱，迫使皇帝要御驾亲征去平叛，弄得劳民伤财。明中期以后，尽管藩王在军事上、政治上已形不成对朝廷的威胁，但藩王作为全国最大的地主集团，由于后代蔓延，人数急剧增多，每年为供养藩王集团，要耗去明朝大量财政开支，成为寄生于明朝政治的一个腐败的毒瘤。

七、尊孔崇儒，制礼作乐

明朝建立后，摆在明太祖朱元璋面前最急迫的问题，是尽快结束战争，建立安定的社会秩序，恢复和发展凋敝不堪的社会经济，以维持和巩固自己的统治。这就需要确定适合明朝建国初期的政治发展的治国方略，明确新王朝统治的指导思想。登基伊始，朱元璋即明确宣布："仲尼之道，广大悠久，与天地相并，故后世有无下者，莫不致敬尽礼，修其祀事。朕今为天下主，期在明教化以行先圣之道。"[①] 这样，儒家思想被朱元璋确定为明朝主流意识形态，成为维系君主专制统治的精神支柱。

洪武元年（1368 年）二月，在刚刚即位一个月后，朱元璋即下诏以太牢（牛、羊、豕三牲全备）祀孔子于国子学，并遣使至曲阜阙里致祭。接着，又召元代最后一位衍圣公、国子祭酒、孔子第五十五世孙孔克坚入京朝见。洪武十五年四月，诏

---

① 《明太祖实录》卷 30。

全国通祀孔子。五月，京师国子监落成，又"释奠于先师孔子"①。在朱元璋的倡导下，"国朝崇尚儒术，春秋祭享先师，内外费至巨万"②。于是，尊孔崇儒之风盛极一时。

在儒家学说中，宋代程朱理学比较适应战后重建封建统治秩序的急切需要。因此，朱元璋对提倡程朱理学不遗余力。登基之后，朱元璋继续任用元末朱学在金华（婺州）的传承人物与学者如宋濂、刘基等人，让他们参与国家大政的决策，或礼乐制度、文化教育事业的建设，进一步树立程朱理学的统治地位。

明太祖还大力提倡读经。他反复告谕廷臣："道之不明，由教之不行也。夫《五经》载圣人之道也，譬之菽粟布帛，家不可无。人非菽粟布帛，则无以为衣食，非《五经》《四书》，则无由知道理。"③他除经常命儒士为太子、诸王和文臣武将讲授儒家经书外，还规定学校生员必修《四书》《五经》。"令学者非《五经》、孔孟之书不读，非濂洛关闽之学不讲"④。全国的科举考试，一概从《四书》《五经》中出题，以程朱注疏为准，《四书》主朱熹《集注》，《易》主程颐《传》、朱熹《本义》，《书》主蔡沈《传》及古注疏，《诗》主朱熹《集传》，《春秋》主左氏、公羊、榖梁三《传》及胡安国、张洽《传》，《礼记》主古注疏。⑤这样，举国上下所有思想言论，都被纳入程朱理学的轨道。

朱元璋认为，儒家思想、程朱理学中的"敬天""忠君""孝亲"三项内容，对强化君主政治、巩固封建统治最为有用，特指派东阁大学士吴沉等从儒家典籍中辑录有关内容，编成专书，以便观览传播。他交代吴沉等人说："朕阅古圣贤书，其垂训立教，大要有三：曰敬天，曰忠君，曰孝亲。君能敬天，臣能忠君，子能孝亲，则人道立矣。然其言散在经传，未易安其要领。尔等其以圣贤所言三事，以类编辑，

---

① 《明史》卷3，《太祖本纪三》。
② 《明太祖实录》卷152。
③ 《明太祖宝训》卷2，《尊儒术》。
④ ［清］陈鼎：《东林列传》卷2，《高攀龙传》，《四库全书》本。
⑤ 《明史》卷70，《选举志二》。

庶便观览。"① 洪武十六年（1383 年）二月书编成后，朱元璋"览而善之"，赐名为《精诚录》，命吴沉撰写序言。②

朱元璋对儒家思想、程朱理学的宣传和提倡，主要也侧重于这三个方面的内容。敬天，其实是敬君。敬天，就必须听从君主的意志，维护君主统治。忠君，就是爱国。在家国同构的封建社会，君主既是国家的最高统治者，同时也是国家社稷的最高代表和象征。"孝亲"思想与忠君思想是相辅相成的。"孝"植根于中国古代农耕文明的土壤之中，是华夏民族的传统美德。中国古代的政治制度多与宗法制度相结合，家庭是社会的组织细胞，国家是家庭的扩大。儒家于是将孝与忠联为一体，说"君子之事亲孝，故忠可移于君"③，一再强调"家齐而后国治"，只要每个家庭和睦了，整个国家的社会秩序也就安定了。由此可见，"敬天""忠君""孝亲"思想，是保障封建统治的最重要的思想武器。朱元璋深明此理，他宣扬敬天、忠君、孝亲，目的即在于此。

在尊孔崇儒的同时，朱元璋还着手进行制礼作乐的制度建设。明朝建立前夕，朱元璋总结元亡的教训说："元氏昏乱，纪纲不立，主荒臣专，威福下移，由是法度不行，人心涣散，遂致天下骚乱。"强调"立国之初，当先正纪纲"。所谓纪纲，就是礼乐与刑政两手，"礼法，国之纪纲。礼法立，则人志定，上下安。建国之初，此为先务"④。礼是儒家文化的一个核心内容。儒家所说的礼，一般包括乐在内。礼的灵魂是德，但其内容非常宽泛，既是仁义道德的规范，也是人际行为的准则，并渗透到政治制度的各个层面，具有定尊卑、辨贵贱、明等威、叙长幼、睦宗族、和乡里、协调各种社会关系的作用。对礼、法两手，朱元璋尤其重视礼、乐的功能，他说："朕观刑，政二者，不过辅礼、乐而治耳……大抵礼、乐者，治平之膏粱；刑政者，

① 《明太祖实录》卷 152。
② 《明史》卷 137，《吴沉传》。
③ 《孝经·广名扬第十四》，《十三经注疏》本。
④ 《明太祖实录》卷 14。

救弊之药石。"① 认为"治天下之道，礼、乐二者而已"②。"礼者，国之防范，人道之纪纲，朝廷所当先务，不可一日无也。"③ 可见，制礼作乐也就成为朱元璋治国先务的重中之重。因此，建国前夕，他务未遑，明太祖即于吴元年（1367 年）六月"首开礼、乐二局，广征耆儒，分曹究讨"④，着手修纂礼书。

明朝刚建立，朱元璋就从各地陆续征调一批老儒，参与礼书的修纂，"时天下初平，典章阙略。帝锐意制作，宿儒凋谢，得三吾晚，悦之。一切礼制及三场取士法多所刊定"⑤。洪武元年（1368 年），中书省会同礼官拟定新的祀典及官民丧服之制、官民房舍及服饰等第。洪武三年九月，《大明集礼》编成，计五十卷。此外，朱元璋还屡次敕谕李善长及诸儒，陆续编撰《孝慈录》《洪武礼制》《礼仪定式》《诸司职掌》《稽古定制》《国朝制作》《大礼要议》《皇朝礼制》《大明礼制》《礼制集要》《礼制节文》《太常集礼》《礼书》等，厘定包括吉礼、嘉礼、宾礼、军礼、凶礼等各种礼制。这些礼制，均"斟酌古今"而定，"其度越汉、唐远矣"⑥。

八、兴办学校，推行科举

明朝建立后，为了推行教化，振兴传统文化，朱元璋大力兴办学校，并实行科举，开科取士。

朱元璋把办学与农桑视为同等重要的"王政之本"。他认为："治国之要，教化为先，教化之道，学校为本"，"古昔帝王育人才、正风俗，莫先于学校"⑦。早在龙凤五年（1359 年）正月，朱元璋即于婺州开设郡学。明朝建立后，他更是大力发展教

---

① 《明太祖实录》卷 162。
② 《明太祖宝训》卷 2，《兴礼乐》。
③ 《明太祖宝训》卷 2，《议礼》。
④ 《明史》卷 47，《礼志一》。
⑤ 《明史》卷 137，《刘三吾传》。
⑥ 《明史》卷 47，《礼志一》。
⑦ 《明太祖实录》卷 46。

育，从中央到地方，兴办国学、郡学和社学三类学校。

国学是中央的国子学，为国家设立的高等学府。前身是龙凤十一年（1365 年），设于应天的国子学，洪武十五年（1382 年）三月，改国子学为国子监。

国子监设有祭酒、司业、博士、助教、学正、学录等学官。祭酒、司业"掌国学诸生训导之政令"，监丞"掌绳愆厅（负责监督师生纪律的机构）之事，以参领监务，坚明其约束，诸师生有过及廪膳不洁，并纠惩之，而书之于《集愆册》。博士"掌分经讲授，而时其考课"，是主讲教师。助教、学正、学录"掌六堂之训诲"，是辅助教师和管理人员。吴元年（1367 年），定国子监祭酒为正四品。洪武十五年，改国子监祭酒为从四品。洪武二十二年，更定国子监的品秩，定祭酒为从四品，司业为正六品，监丞为正八品，博士为从七品。

国子监的生员通称监生，分为官生和民生两大类。"官生取自上裁"，由皇帝指派分拨，包括品官子弟和土司子弟、海外留学生两大类。"民生则由科贡"[①]，是由地方官员（洪武十六年改由地方学校教官）依据历史上地方官向朝廷"贡士"的成规，向朝廷保送的民间俊秀。民生又有贡监和举监之分，贡监指从府、州、县学生员中选派的岁贡生员，举监指保送入国子监补习的会试下第的举人，《万历明会典》卷 220《国子监》载："（洪武）十五年，令各按察司选府、州、县学生员年二十以上厚重端秀者，送京考留。十六年，令考中岁贡生员，送监再考等第，分堂肄业。十八年，令会试下第举人，送监卒业。"官民生的比例，洪武初年是以官生为主，民生的数量不多。吴元年（1367 年）制定、洪武元年颁行的《大明令·礼令》规定："凡国学生员，一品至九品文武官子孙、弟侄，年一十二岁以上者充补，以一百名为额。民间俊秀年一十五岁以上，能通《四书》大义、愿入国学者，中书省奏闻入学，以三十名为额。"按照这个规定，官、民生的比例为二比一，官生占到监生总数的三分之二。

国子监的规模宏大，洪武二十六年的生员总数达到八千一百二十四名，是当时

---

① 《南雍志》卷 15，《储养考》。

世界上最大的高等学府之一。国子监的功课，有《四书》《五经》、御制《大诰》《大明律令》和汉代刘向的《说苑》等。除此之外，生员还必须学习数（数学）和书（书法）。生员每月试经、书义各一道，诏、诰、表、策、论、判（公家文书）中选二道，每天习二百余字。在读书之余，朱元璋还要求国子监生学习武艺，他认为，古之学者，文足以经邦，武足以戡乱，故能出入将相，安定社稷。今天下承平，国子监生员虽务文学，亦不能不习武事。洪武三年（1370年），诏国子监及郡县生员"皆令习射"。洪武二十三年（1390年），朱元璋还下令在国子监内"辟射圃"①，为生员提供练习骑射的场所。

郡学又称儒学，是由各府、州、县官府设立的中等学校。洪武二年（1369年）十月，朱元璋下诏："今虽内设国子监，恐不足以尽延天下之俊秀，其令天下郡县并建学校，以作养士类。"②各地自此始设郡学。洪武八年，朱元璋命丞相到国子监考校老成端正、博学通经之监生以分教天下，令郡县"广其生徒而立学焉"。接着，又命御史台再加精选，以分教北方郡学。庶使人知务学，贤才可兴。御史台选派国子生林伯云等三百六十六人担任北方各地郡学的教官，"给廪食、赐衣服而遣之"。后来，朱元璋又令择国子生之"壮岁能文者"为教谕等官，分教其他省份的郡学，使各地的郡学得到进一步发展。

郡学的学官，府设教授（秩从九品），州设学正，县设教谕，各一人，"掌教诲所属生员"③；另外，府、州、县还设数额不等的训导，辅佐教授、学正、教谕，教导生员。生员"专治一经，以礼、乐、射、御、书、数设科分教"④，并学习御制《大诰》和《大明律令》。后来，由于朝廷规定科举考试专取《四书》《五经》命题，府、州、县学的生员为了博取功名，便逐渐产生"非《四书》《五经》不学"⑤、忽视其他功课的倾向。

① 《南雍志》卷1，《事纪》。
② 《明太祖实录》卷46。
③ 《明史》卷75，《职官志四》。
④ 《明太祖实录》卷46。
⑤ 《嘉靖惠安县志》卷9，《学校》，《天一阁藏明代地方志选刊》本。

除了府、州、县设立的儒学，明代的都司、卫、所也设儒学。据《大明一统志》的记载，隶属陕西都司的河州卫军民指挥使司，于洪武十七年（1384 年）将元朝所建的州学改为卫学，这是洪武年间由都司、卫、所主办的最早一所儒学。同年，岷州卫、辽宁都司也都设立儒学。洪武二十三年，北平行都司及大宁等卫也设立儒学。此外，一些土司也都设立儒学，如贵州宣慰司即在洪武二十五年设立儒学。根据《大明一统志》参以各省方志及《明太祖实录》的记载统计，洪武年间全国府、州、县共计设立一千三百一十一所儒学，另有都司、卫、所儒学二十六所，这是中国历史上前所未有的数量。

社学是设在基层的初级学校，始创于洪武初年，遍布于各府、州、县。最初属于官办，后来，由于地方官常借此扰民，"有愿读书者，无钱不许入学。有三丁、四丁不愿读书者，受财卖放，纵其愚顽，不令读书。有父子二人，或农或商，本无读书之暇，却乃逼令入学。有钱者，又纵之；无钱者，虽不暇读书，亦不肯放"①。朱元璋曾一度下令停办社学。洪武十六年一月，才又下诏恢复社学，令"民间自立社学，延师儒以教子弟，有司不得干预"②。这样，在官办社学之外，又出现民办社学。社学也以御制《大诰》和《大明律令》作为主要的必修课程。据统计，洪武年间各府、州、县平均设有社学近六十一所，数量相当可观。③

除上述几类学校，还有专为宗室子弟开设的宗学，为武官子弟开设的武学，民间私人兴办的私学（私塾），等等。由于朱元璋兴办学校的措施，全国"无地而不设之学，无人而不纳之教。庠声序音，重规叠矩，无间于下邑荒徼，山陬海涯"④。明代教育的发达，超过了以往的唐宋时代。

在兴办学校的同时，对于科举制度，朱元璋更是高度重视。明朝建立后，洪武三年五月，朱元璋下诏实施科举制度。诏书说："自今年八月为始，特设科举，以起

① ［明］朱元璋：《御制大诰·社学第四十四》，《皇明制书》第一册，第 69 页。
② 《明太祖实录》卷 157。
③ 参见陈梧桐著：《朱元璋大传》，中华书局 2019 年版，第 252—256 页。
④ 《明史》卷 69，《选举志一》。

怀才抱道之士，务在经明行修，博通古今，文质得中，名实相称。其中选者，朕将亲策于庭，观其学识，第其高下，而任之以官。果有才学出众者，待以显擢。使中外文臣，皆由科举而选；非科举者，毋得与官。"①洪武四年（1371 年）正月，又令各行省连试三年，以后则三年一举，著为定例。当年，京师和行省都分别举行乡试。第二年举行会试，朱元璋亲自过问，试于奉天殿，录取了吴伯宗等一百二十人。从洪武四年起，连续举行乡试三年，因为官员缺额很多，考取的举人都免于会试，赴京听候选官。但连试三年后，朱元璋发现录取的大多是"后生少年"，文词虽然写得头头是道，试用后却缺少实际为官能力。于是，洪武六年二月，下诏停止科举，别令察举贤才。从此，科举停止了十年。因为对荐举的方式不满，朱元璋又决定对被荐者实行考试，同时恢复科举，于洪武十七年（1384 年）三月命礼部定科举之式，颁行各省，遂成永制。

明制规定，参加科举考试的，必须是学校的生员。考试时专取生员所学的"四子书及《易》《书》《诗》《春秋》《礼记》五经命题"，"文略仿宋经义，然代古人语气为之，体用排偶，谓之八股，通谓之制义"②。四书五经只能以指定的程朱一派注疏为依据。生员应试，要写八股文，就题命意，依注作解，并代圣人立意，用古人语气行文。八股文的写作，要求考生具有相当的写作能力，诸如遣词排句、段落呼应、音和韵谐、首尾一贯，并要求主题表达得精练详明。因此，采用八股文考试，既可考查考生对儒家经典的领会程度，又可考查考生的文章写作水平。这样，使科举与学校衔接起来，并使科举考试更趋标准化、规范化，更便于人才的培养和选拔。不足之处，是容易束缚士人的思想和创造活力。

科举考试分乡试、会试和殿试三级进行。乡试是省级的考试，又称乡闱，每三年一次，于子、午、卯、酉年在直隶和各布政司治所所在的省城举行。应试者必须在其籍贯所在地的省城参加考试，"其直隶府、州、县赴京乡试"。考试时间为八月，分为

---

① 《明太祖实录》卷 52。
② 《明史》卷 70，《选举志二》。

三场，中试者称为"举人"。录取名额开始定为五百名，除直隶一百名，广西、广东各二十五名外，其他布政使司各四十名，"才多或不及者，不拘额数"。会试是中央一级的考试，又称礼闱，由礼部主持，在乡试的第二年，也就是在辰、戌、丑、未年于京师举行。参加会试的必须是乡试中式的举人。考试时间是八月，也分为三场，考试内容基本上和乡试相同。举人经会试中式后称为贡士，可参加殿试。殿试又称廷试，考场设在皇帝的殿廷，是以皇帝的名义主持的复试。考试时间在三月，仅试时务策一道，分三甲录取。一甲只取三名，称状元、榜眼、探花，赐进士及第出身；二甲若干名，赐进士出身；三甲若干名，赐同进士出身。当时的士大夫又称乡试第一名为解元，会试第一名为会元，二甲、三甲第一名为传胪。解元、会元和状元合称三元。明初的科举，"乡试难而会试易"，乡试的竞争比会试更加激烈，"故俗有'金举人，银进士'之谣"①。

通过科举考试，朱元璋选拔出一些比较优异的人才，其中有些人还成为后来永乐、洪熙、宣德诸朝的重要辅臣。例如，洪武十八年（1385年）举进士的蹇义，以"诚笃干济"受到朱元璋的赏识任用，到明成祖时更受重用，仁宗、宣宗即位后"委寄优隆"，是永、熙、宣诸朝"匡翼令主"②的重要辅臣。洪武二十一年举进士的解缙及洪武末年举进士的黄淮，永乐年间与杨士奇、胡广、金幼孜、杨荣、胡俨"并直文渊阁，预机务"③，都成为明成祖的重要辅臣。《明史》赞朱元璋"树人之效，远矣哉"④，不是没有道理的。

九、与民休息，振兴经济

明王朝是在元末战争的废墟上建立起来的。明朝初年，人口锐减，田地荒芜，民心思治。面对这种形势，朱元璋提出了"安民为本"的治国思想，他说："民者，

---

① ［清］顾公燮：《消夏闲记摘抄》卷中，《金举人银进士》，《涵芬楼秘笈第二集》本。
② 《明史》卷149，《蹇义传》。
③ 《明史》卷147，《解缙传》。
④ 《明史》卷149，《蹇义传》。

国之本也"①，"百姓足而后国富，百姓逸而后国安"②，"凡为治以安民为本，民安则国安"③。而要做到这一点，就必须推行休养生息政策，恢复和发展农业生产。

第一，调整土地关系，发展垦荒屯田。

其一，对于大量的无主荒地，明朝统治者鼓励农民尽力开垦。洪武元年（1368年），朱元璋下诏规定："各处人民，曩因兵燹抛下田土，已被有力之家开荒成熟者，听为己业，其业主回还，抑有司于附近荒田内，验数拨付耕作。"④ 洪武三年，明朝政府定制，北方郡县近城荒芜之地授予乡民无田者耕种，"户率十五亩，又给地二亩，与之种蔬，有余力者不限顷亩，皆免三年租税"，"若王国所在，近城存留五里，以备练兵牧马，余处悉令开耕"⑤。洪武五年，朱元璋再次重申："兵兴以来，所在人民抛下产业逃避他方，天下既定，乃归乡里，中间若有丁力少而旧田多者，不许依然占护，止许尽力耕种到顷亩，以为己业。若有去时丁少，归则丁多而旧产少者，许令于附近荒田内，官为验其丁力，拨付耕种。敢有以旧业多余占护者，论罪如律。"⑥ 洪武十三年，朱元璋又"诏陕西、河南、山东、北平等布政司及凤阳、淮安、扬州、庐州等府，民间田土，许尽力开垦，有司毋得起科"。洪武二十四年，"令公侯大官以及民人，不问何处，惟犁到熟田，方许为主。但是荒田，俱系在官之数，若有余力，听其再开"。又"令山东概管农民，务见丁著役，限定田亩，著令耕种，敢有荒芜田地流移者，全家迁发化外充军"。洪武二十六年，朱元璋"令开垦荒芜官田，俱照民田起科"。洪武二十八年，朱元璋"令山东、河南开荒田地，永不起科"。又"令凡民间开垦荒田，从其自首，首实一年后官为收科，仍仰所在官司，每岁开报户部，以凭稽考"⑦。

---

① 《明太祖实录》卷256。
② 《明太祖实录》卷250。
③ 《明太祖实录》卷113。
④ 《皇明诏令》卷1，《大赦天下诏》。
⑤ 《明太祖实录》卷53。
⑥ 《皇明诏令》卷2，《正风俗礼义诏》。
⑦ 《万历大明会典》卷17，《户部》《田土》。

其二，移民屯垦。鉴于荒地太多，仅靠流民回乡耕垦，数量有限，明政府还实行移民屯垦，把无产业农民从窄乡移到宽乡，从人多田少的地方移到人少地广的地方屯垦。洪武三年（1370 年）六月，"徙苏州、松江、嘉兴、湖州、杭州民无业者田临濠"①，"徙者凡四千余户"②。洪武六年，召集流民屯垦宁夏境内及四川西南至船城，东北至塔滩一带八百里的土地。洪武九年七月，"徙山西真定民屯凤阳"③。洪武二十一年八月，"迁山西泽、潞二州民之无田者往彰德、真定、临清、归德、太康诸处闲旷之地，令自便置屯耕种"④。洪武二十二年四月，"命杭、湖、温、台、苏、松诸郡民无田者，许令往淮河迤南滁、和等处就耕"⑤。九月，"山西贫民徙居大名、广平、东昌三府者，凡给田二万六千七十二顷"⑥。十一月，令山西民愿往河南彰德、卫辉、归德，山东临清、东昌诸处移徙者，"验丁给田"⑦。洪武二十五年二月，命徙苏州府崇明县滨海民无田耕种者二千七百户于江北屯种，又徙山东登、莱二府贫民无恒产者五千六百三十户就耕于东昌。洪武二十七年二月，"迁苏州府崇明县无田民五百余户于崑山开种荒田"⑧，等等。除了移徙无产业的农民，明政府还把北方与蒙古相邻地区的农民迁到内地屯垦，如洪武四年三月"徙山后民万七千户屯北平"，四月"徙山后民三万五千户于内地，又徙沙漠遗民三万二千户屯田北平"⑨。洪武六年，又徙山西弘州、蔚州、定安、武朔、天城、白登、东胜、丰州、云内等州县北边沙漠的居民于临濠，"凡八千二百三十八户，计口三万九千三百四十九"⑩。此外，明政府还移徙罪民罪吏屯垦，对于屯垦的移民，明政府都发给路费，有的还发给耕牛、农

---

① 《明史》卷 2，《明太祖本纪二》。
② 《明太祖实录》卷 53。
③ 《明史》卷 77，《食货志一》。
④ 《明太祖实录》卷 110。
⑤ 《明太祖实录》卷 196。
⑥ 《明太祖实录》卷 197。
⑦ 《明太祖实录》卷 198。
⑧ 《明太祖实录》卷 231。
⑨ 《明史》卷 2，《明太祖本纪二》。
⑩ 《明太祖实录》卷 85。

具和种子，且免除三年的赋役。

其三，推行军屯。明初，明政府还推行军屯和商屯，以资助军饷开支。军屯早在元末农民战争的后期即实行于江南地区，明朝建立后推行于全国各卫所的驻军地区。"边地，三分守城，七分屯种。内地，二分守城，八分屯种。每军受田五十亩为一分，给耕牛、农具，教树植，复租赋，遣官劝输，诛侵暴之吏。"[①]屯军交纳税粮，贮于屯仓，听本军自支，余粮为本卫所官军俸粮。

第二，限制奴婢数量，提高农民和手工业者的地位。洪武五年（1372年），朱元璋下诏："曩因元末大乱，所在人民，或归乡里，或避难他方，势孤力弱，或贫乏不能自存，为庶民之家所奴者，诏书到日，即放为良，毋得羁留。"[②]他还决定，由官府出资代为赎还因饥荒典卖为奴的男女。洪武十九年八月，河南布政司即报告，收赎开封等府民间典卖男女凡二百七十四人，计钞一千九百六十余锭。明律又规定：功臣之家蓄养奴婢不得超过二十人；庶民之家不得养奴，否则"杖一百，即放从良"[③]。

在限制奴婢数量的同时，朱元璋还提高手工业者的地位，以激发他们生产的积极性。洪武十一年，明政府"命工部凡在京工匠赴工者，月给薪米盐蔬，休工者停给，听其营生勿拘"[④]，使匠户得到在休工时自行营业的自由。洪武十九年，对工部所辖的工匠实行轮班制，规定各地匠户三年一班，每班三个月，轮流赴京服役，免其家他役。洪武二十六年，又按不同的工种，分别定为五年、四年、三年、二年或一年一班制。由内府的内官监所管辖的住坐匠，每月则服役十天，由政府支给月粮。这样，匠户虽然比农民具有较强的人身依附性，但同元代相比，所受的剥削已大大减轻，这显然有利于手工业的发展。

第三，轻徭薄赋，均平负担。明初的赋役法，规定田赋"凡官田亩税五升三合

---

① 《明史》卷77，《食货志一》。
② 《皇明诏令》卷2，《正风俗礼义诏》。
③ 《明律集解附例》卷4，《户律》《户役》。
④ 《明太祖实录》卷118。

五勺，民田减二升，重租田八升五合五勺，没官田一斗二升"①。洪武十四年（1381年），明政府正式确定里甲正役的佥派办法："以一百一十户为里。一里之中，推丁粮多者十人为长；余百户为十甲，甲凡十人。岁役里长一人，甲首十人，管摄一里之事。城中曰坊，近城曰厢，乡都曰里。凡十年一周，先后则各以丁粮多寡为次，每里编为一册，册之首总为一图。其里中鳏、寡、孤、独不任役者，则带管于百一十户之外，而列于图后，名曰畸零。"②

第四，奖励农桑，兴修水利。朱元璋多次下诏强调："农桑，衣食之本"③，"农为国本，百需皆其所出"④，要求各级官吏把"田野辟，户口增"⑤作为治国之急务。规定有司考课官吏，必书农桑治绩，"违者降罚"⑥。如洪武十八年因农桑起科太重，百姓艰难，令"今后以定数为额，听从种植，不必起科"⑦。洪武二十五年，"诏凤阳、滁州、庐州、和州等处民户种桑、枣、柿各二百株"⑧。洪武二十七年，令天下百姓，务要多栽桑枣，"每一户初年二百株，次年四百株，三年六百株，栽种过数目，造册回奏"⑨。洪武二十八年，又规定凡洪武二十六年后栽种桑枣果树者，"不论多寡，俱不起科，若有司增科扰害者罪之"⑩。

水利关系农业甚重，朱元璋非常重视。立国之初，他即诏令"所在有司，民以水利条上者，即陈奏"。后又谕工部："陂塘湖堰可蓄泄以备旱潦者，皆因其地势修治之。"⑪洪武年间，明政府投入大批人力、物力修建了许多大规模的水利设施，有

---

① 《明史》卷78，《食货志二》。
② 《明太祖实录》卷135。
③ 《明太祖实录》卷77。
④ 《明太祖实录》卷41。
⑤ 《明太祖实录》卷34。
⑥ 《明太祖实录》卷77。
⑦ 《万历大明会典》卷17，《户部》《农桑》。
⑧ 《明太祖实录》卷222。
⑨ 《万历大明会典》卷17，《户部》《农桑》。
⑩ 《明太祖实录》卷243。
⑪ 《明史》卷88，《河渠志六》。

的投工达数十万，如洪武六年（1373 年）疏浚开封府自小木至陈州沙河口一十八闸，"计工二十五万"[①]，洪武二十五年凿溧阳银墅东坝河道，"计役嘉兴等州民丁凡三十五万九千七百人"[②]。这些大规模的水利工程可灌溉田地万顷至数万顷，产生了巨大的经济效益。[③]

十、提倡节俭，严惩贪腐

提倡节俭，反腐倡廉是洪武年间政治的一个鲜明特点。

明朝建国后，百废待兴，物质环境十分恶劣，战乱、自然灾害、战争所造成的损失绝非短期能够恢复，面对这样的形势，朱元璋在调整政策集中精力发展生产、恢复社会经济的同时，还提倡百姓厉行节俭，官员勤俭奉公。朱元璋以历代衰亡的教训为鉴，反复告诫各级官员"节俭则倡，骄淫则亡"的道理，并身先士卒，作出表范。

朱元璋出身民间，自幼过惯了贫困生活，即使当上皇帝以后，在生活上仍相当俭朴，他吃的是普通饭菜，整日忙于公事，很少狂饮享乐，也不迷恋女色歌舞，在他统治期间，几十年都没有建设楼台亭榭，而是将大片的官地用来种菜，对于各地的进贡和奉献，朱元璋也往往拒绝接受，如当时湖广进献的竹席、金华进献的香米，甚至连西域商人进贡的药品也拒绝接受。

朱元璋不仅严以律己，对宫人要求也很严格，他将宦官的人数限制在百人以内，也要求嫔妃宫女保持生活节俭。明初为了倡导节俭，朱元璋还压缩各级衙门官员的数量。到洪武十三年，京官共计有五百四十八人，加上各地方文职官员不过五六千人，每个县里只有几个享受政府俸禄的官员。明初规定，一品官员用俸禄米八十七

---

① 《明太祖实录》卷 86。

② 《明太祖实录》卷 221。

③ 参见陈梧桐著：《朱元璋研究》，天津人民出版社 1993 年版，第 218—228 页。

石，七品县官只有七石半，与历代相比，官员俸禄是比较低的。[1]

作为明王朝的开国之主，朱元璋最清楚官吏擅权枉法、蠹政害民对国家统治的严重危害性。他登基不久，就敏锐地觉察到"所任之人，不才者众，往往蹈袭胡元之弊"[2]。朱元璋联系到自己在元末目睹吏治腐败的切身感受："朕向在民间，尝见县官由儒者多迂而废事，由吏者多奸而弄法。蠹政厉民，靡所不至，遂致君德不宣，政事日坏。加以凶荒，弱者不能聊生，强者去而为盗。"认识到"不禁贪暴，则民无以遂其生"[3]，因此在登基的次年，即对百官宣布："但遇官吏贪污，蠹害吾民者，罪之不恕，卿等当体朕言。若守己廉而奉法公，犹人行坦途，从容自适。苟贪贿罹法，犹行荆棘中，寸步不可移，纵得出，体无完肤矣。"[4]并开始采取一些措施，着手打击腐败，整肃吏治。但是经过一段时间的整顿，官场的腐败不仅未能抑制，反而愈演愈烈。于是朱元璋决定采取更加严厉的措施以打击贪官污吏，刷新吏治。

（一）制定考核细则，完善考核官员规章制度

洪武五年（1372年）六月，朱元璋制定《六部职掌》，作为岁终考绩黜陟的依据。后来，随着行政机构的改革，又令吏部同翰林院儒臣仿照《唐六典》之制，编纂《诸司职掌》，并于洪武二十六年三月正式颁行。《诸司职掌》对中央自五府、六部、都察院以下诸司官职的设置及官员的职责作出了详细的规定，使在职的官吏清楚自己具体的职责。此外，朱元璋还制定并颁布了《祖训录》《洪武礼制》《孝慈录》《礼仪定式》《稽古定制》《节行事例》《资世通训》《学校格式》《武臣训诫录》《武臣保身敕》《昭鉴录》《醒贪简要录》《永鉴录》《世臣总录》《皇明祖训》《为政要录》等条规敕令，对诸王和各级官吏所应遵守事项作出了详细的规定，使之有章可循，有法可依。

---

[1] 参见齐涛主编，朱亚非著：《中国政治通史》（8），《精致极权的明朝政治》，泰山出版社2003年版，第56—57页。

[2] 《御制大诰·胡元制治第三》，《皇明制书》第2册，第47页。

[3] 《明太祖实录》卷29。

[4] 《明太祖实录》卷39。

（二）"考满、考察，二者相辅而行"

明初对官员的考核，主要采取"考满、考察，二者相辅而行"①的办法。考满实为考绩，也称考课，是对官员和吏员行政能力和任职业绩的常规考核；考察则是通过对法纪素质的检验来实施对违法官员的行政处罚。

1. 考满。考满是对任职达到专定年限的单个官吏包括京官、外官和吏员等政绩的考核。早在洪武二年（1369年）九月，朱元璋即"诏府、州、县正官三年一考课于吏部"②。洪武九年十二月，命中书吏部："自今诸司正佐首领杂职官，俱以九年为满"，"各处有司知府以实历俸月日为始，每年一朝觐，其佐贰官及知州、知县每三年一朝觐"③。后来逐渐形成一种考满制度，规定内外官在九年任职期间，每三年考核一次，三年曰一考（或曰初考）、六年曰再考、九年曰通考。其具体程序屡次调整变动，至洪武二十六年定制。

由于官员任期的九年中要经三次考核，而三次考核的结果又不可能一样，因此《考核通例》又规定，九年之内，二考称职，一考平常，从称职；二考称职，一考不称职，或二考平常，一考称职，或称职、平常、不称职各一，俱从平常；二考平常，一考不称职，从不称职。考核等级排定后，还得和所任职务的繁简相互参照，最后确定升降，等第。

所谓繁简，洪武二十六年定有则例：在外衙门，每年田粮府十五万石以上，州七万石以上，县三万石以上，或王府、都布按三司所在地及有军马守御、路当驿道、边方冲要、供给去处，俱为事繁，其余为事简，在京诸司，俱从繁例。升降等第分为五种情况：（1）繁而称职。如无过，升二等，有私笞大过升一等。如有记录徒流罪，一次者本等用，二次降一等，三次降二等，四次降三等，五次以上，杂职内用。

---

① 《明史》卷71，《选举志三》。
② 《明太祖实录》卷45。
③ 《明太祖实录》卷110。

（2）繁而平常。如无过，升二等，有私笞大过，本等用。如有记录徒流罪，一次降一等，二次降二等，三次降三等，四次以上，杂职内用。（3）简而称职。与繁而平常同。（4）简而平常。如无过，本等用，有私笞大过，降一等。如有记录徒流罪，一次降二等，二次杂职内用，三次以上黜降。（5）不称职。初考即予降级，繁处降二等，简处降三等，若有记录徒流罪，俱于杂职内用。①

2. 考察。考察又称"大计"，有京察、外察之分。京官每六年考察一次，是为京察，时间定在己、亥年；外官每当辰、戌、丑、未年例应赴京朝觐，同时进行考察，是为外察，三年一次。凡经大计计处者，永不叙用。考察是对官员群体的定期或不定期的考核，以查处其中的不胜任职务者，带有监察的性质。考察的对象，只限于官员而不包括吏员。

与考课一样，考察也是从外官开始的。洪武四年（1371 年）十二月，命工部尚书朱守仁察吏山东，可以说是外察的先声。洪武六年命御史台及各道按察司察举有司官无过犯，这是普遍考察外官的开始。至洪武二十九年，定辰、戌、丑、未年为外官朝觐年，朝毕，吏部会同都察院考察，因此，外察又叫"朝觐考察"。据记载，考察气氛非常紧张，"吏部会同都察院考察，奏请定夺，其存留者，引至御前，刑部及科道官，各露章弹劾，责以怠职。来朝官皆免冠，伏候上命，既宥还任，各赐敕一道，以申戒饬。"② 朝觐官均为四品以上地方大员。③

朱元璋对贪官污吏的惩治和用法之严酷是历史上所罕见的。他规定官吏贪污钱财六十两以上的，就斩首示众，还要剥皮实草。朱元璋把府、州、县、卫衙门左面的土地庙，作为剥人皮的场所，称为"皮场庙"，在官府公座两旁，各悬挂一个填满草的人皮袋，使官吏触目惊心，知所警惕。还有挑筋、剁指、刖足、断手、刑膑、

① 《明会典》卷 12，《考核一》。

② 《明会典》卷 13，《朝觐考察》。

③ 参见白钢主编，杜婉言、方志远著：《中国政治制度通史》，第 9 卷，明代，人民出版社 1996 年版，第440 页。

钩肠、去势等酷刑。①洪武九年（1376年）以前，"官吏有罪者，笞以上悉谪屯凤阳，至万数"②。洪武十八年，"诏尽逮天下积岁官吏为民害者，赴京师筑城"③。同时，对一些在地方上着有政绩的官员，朱元璋也大力加以表彰。④

对官吏的表彰，朱元璋很注意听取士民的意见。他立下一条法令：自布政司至府、州、县的官吏，如非出自朝廷号令，私下巧立名色，害民取财，或者清廉直干，抚民有方的，允许境内耆宿老人、遍处乡村市井士君子等，联名赴京状奏，作为官吏赏罚升降的参考，并特地指出《大明律》关于士庶人等不得上言宰执大臣美政的条文，目的是警告在京官吏毋得结党营私，紊乱朝政，在外诸司则不受这个律条的限制。⑤

朱元璋反腐倡廉、整顿吏治的举措，确实起到了"整顿一代之作用"⑥。经过长期的反腐倡廉，明初一大批腐败的官吏被绳之以法，官场的风气逐渐发生变化，明初吏治因此而日趋清明。"一时守令畏法，洁己爱民，以当上指，吏治焕然不变矣。下逮仁、宣，抚循休息，民人安乐，吏治澄清者百余年。"⑦嘉靖、万历时期的著名清官海瑞对此赞扬说："我太祖视民如伤，执《周书》'如保赤子'之义，毫发侵渔者加惨刑。数十年民得安生乐业，千载一时之盛也。"⑧

十一、推行开明的民族政策

明朝肇建之初，形势并不乐观，不仅边疆少数民族地区尚待统一，而且民族矛盾也还相当尖锐。控制着北方大片土地的蒙古贵族，拒不接受明朝的招抚。留居内

---

① 《廿二史劄记》卷23，《重惩贪吏》。

② 《明史》卷139，《韩宜可传》。

③ 《明史》卷296，《朱煦传》。

④ 南炳文、汤纲著：《明史》（上），上海人民出版社2014年版，第89—90页。

⑤ 《御制大诰·民陈有贤否第三十六》，《皇明制书》第1册，第65页。

⑥ 《廿二史札记校证》卷32，《明祖晚年去严刑》。

⑦ 《明史》卷281，《循吏传序》。

⑧ ［明］海瑞撰，陈义钟编校：《海瑞集》下编，《赠赵三山德政序》，中华书局1962年版，第354页。

地的蒙古人，也担心明朝沿用元朝的民族歧视和民族压迫政策，对他们施行报复，因而心怀疑惧，顾虑重重。总之，采取怎样的政策和措施来缓和民族矛盾，以实现对边疆地区有效的管辖和治理，直接关系到明朝统治的稳定。因此，在洪武建国之后，朱元璋在开展统一全国战争的同时，便开始着手制定其民族政策。

朱元璋认为："朕既为天下主，华夷无间，姓氏虽异，抚字如一。"①"圣人之治天下，四海之内，皆为赤子，所以广一视同仁之心。朕君主华夷，抚御之道，远迩无间。"②在这样的民族观的指导下，朱元璋制定了"威德兼施"的民族政策，强调"治蛮夷之道，必威德兼施，使其畏感，不如此不可也"③。"威德"之间，朱元璋非常强调德怀的作用，认为"自古人君之得天下，不在地之大小，而在德之修否"④。对待边疆民族，"若抚之以安静，待之以诚意，谕之以道理，彼岂有不从化哉？"⑤因此，他主张威德兼施，二者不可偏废。

从总的倾向来看，朱元璋处理民族问题的政策基本上是一种威德兼施、德怀为主的政策，即在政治上招抚争取，经济上怀柔帮助，文化教育上建立学校，宣传儒学文化思想等。朱元璋在统一战争和治理边疆民族地区的过程中，始终坚持"威德兼施"的政策，但在具体实践中，则视各少数民族的不同情况而有所侧重，在一般情况下，他侧重于政治上的恩怀和德惠，力求以德怀之，不滥用武力或者尽可能避免使用武力，只是当某些少数民族的上层分子拒绝归附或者发动叛乱时，他才临之以兵，以威服之，一旦他们放下武器，表示归服，朱元璋又施以恩怀和德惠。⑥具体说来：

第一，对不肯归附者采取招抚政策。在元末农民战争的后期，朱元璋为了争取

①《明太祖实录》卷 53。

②《明太祖实录》卷 134。

③《明太祖实录》卷 149。

④《明太祖实录》卷 76。

⑤《明太祖实录》卷 34。

⑥ 参见陈梧桐著：《朱元璋大传》，中华书局 2019 年版，第 439—440 页。

汉族地主的支持，曾提出"驱逐胡虏，恢复中华"的口号，但是在夺取全国的最高统治权、建立明朝统治之后，朱元璋在施政方针上并没有把蒙古族排斥在外，而是把蒙古民族同其他国内少数民族一样看待，同样施行威德兼用的政策。对于不肯归附的蒙古贵族，朱元璋积极争取，反复申明："如蒙古、色目，虽非华夏族类，然同生天地之间，有能知礼义、愿为臣民者，与中夏之人抚养无异"，宣布元顺帝父子如能归附，"当效古帝王之礼，俾作宾我朝"；北元官吏能倾心来归，当"不分等类，验才委任"；其宗王伯驸马、部落臣民能率众来朝，"当换给印信，还其旧职，仍居所部之地，民复旧业，羊马孳畜，从便牧养"[1]。这对消除部分蒙古人、色目人的疑惧和敌对情绪起到了一定的作用。

第二，采取"因其俗而治之"[2]的政策。早在龙凤十年（1364年）十一月，朱元璋在处理湖广的少数民族问题时，就实施过"因其俗而治之"的政策。朱元璋建国后，又把这个原则普遍推行到边疆各少数民族地区。在北方蒙古族居住区设立卫所，在西南少数民族地区建立土司制度，在西藏尊重当地民族宗教信仰，实行汉藏参治、军政合一政策，等等。

---

① 《明太祖实录》卷53。
② 《明太祖实录》卷15。

第二章　建文削藩

建文帝朱允炆即位之初，在其祖父朱元璋治理的基础上励精图治，能够宽刑省狱、减轻赋税，推行惠民政策，期望刷新政治，有所作为。他本该有一个好的结局，可惜重用的大臣都是一些缺乏政治经验的读书人，在这些不谙治理之术却充满理想主义色彩的儒臣的影响下，他即位刚一个月就"锐意复古"，尤其是大规模地推行削藩政策，致使众强藩惶惶不可终日，最终，燕王朱棣起兵造反，经过近四年的南北战争，朱棣胜利夺位登基，建文帝则以自焚谢幕，明朝的历史又进入一个新的时期——明成祖朱棣一手开创的永乐盛世。

一、仁弱天子

明太祖朱元璋十分重视对身后接班人的考察与培养。

这位出身于民间的布衣皇帝，深谙创业难、守业亦难的规律性，因此，他十分重视对接班人的培养，开国伊始，就册立长子朱标为皇太子，并延请名儒宋濂等人为太子老师，希望能将朱标培养成大有作为的一代明君。然天有不测风云，洪武二十五年（1392 年）四月，年仅三十八岁的皇太子朱标却英年早逝，史称"懿文太子"，这令朱元璋异常伤心，朱元璋制定的嫡长子继承制受到了考验。伤心之余，朱元璋不得不重新选择新的继承人。按照传统政治嫡长子继承制，朱标的长子朱雄英是不二人选，可惜他也在十年前就离开了人世，这样，朱标次子朱允炆就成为皇位继承人的首选。

关于朱允炆，《明史》是这样叙述他的性格品质、执政思路的：

> 恭闵惠皇帝讳允炆。太祖孙，懿文太子第二子也。母妃吕氏。帝生颖慧好学，性至孝。年十四，待懿文太子疾，昼夜不暂离。更二年，太子薨，居丧毁瘠。太祖抚之曰："而诚纯孝，顾不念我乎。"洪武二十五年九月，立为皇太孙。二十九年，重定诸王见东宫仪制，朝见后于内殿行家人礼，以诸王皆尊属也。初，太祖命太子省决章奏，太子性仁厚，于刑狱多所减省。至是以命太孙，太孙亦复佐以宽大。尝请于太祖，遍考礼经，参之历朝刑法，改定洪武《律》畸重者七十三条，天下莫不颂德焉。①

起初，朱元璋并不看好朱允炆，担心他性格仁柔，难以担负起治理国家的重任。为此，朱元璋也曾考虑过从几个儿子中选择皇位继承者。四子燕王朱棣文韬武略，得到朱元璋的认可，认为是个不错的人选。一次，朱元璋对几个心腹大臣流露出立

---

① 《明史》卷 4，《恭闵帝本纪》。

燕王的可能性时，翰林学士刘三吾认为不可，谏说"皇孙世嫡承统，礼也"[1]，朱元璋于是下定决心，在洪武二十五年（1392年）九月，"立皇孙允炆为皇太孙"[2]。

洪武三十一年（1398年），朱元璋病逝，遗诏命皇太孙朱允炆即位。朱元璋在遗诏中说朱允炆"仁明孝友，天下归心，宜登大位"，希望"内外文武臣僚同心辅政，以安吾民"[3]，可是，这位仅有二十一岁"仁明孝友"的青年皇帝，真的"天下归心"吗？能够担负起明王朝承前启后的历史重任吗？

二、建文改革

洪武时，朱元璋在治国理政方面虽然对普通百姓较为宽容，从政策上尽量鼓励民众积极从事农业、手工业、商业贸易等恢复国力、培植元气的民生经济，但在治理官吏上，朱元璋却对那些被认为有威胁皇权统治、危害正常统治秩序的贪官污吏及政治野心者毫不手软，不断实施严厉的政治打击，并在经济上采取重税的形式以惩戒和遏制豪强势族的发展，甚至屡兴大狱，对功臣集团与豪强势力加以惩戒甚至诛杀。这些做法，使江南地区的地主阶层和官僚阶层感到压抑和不满。建文帝即位后，朝野内外普遍希望改变朱元璋统治时期的严厉政策，形成一个较为宽松的政治环境，从中央到地方，官僚集团与豪强贵族都把这种愿望寄托在建文帝的施政政策的改变上面。

建文帝即位后，大量任用江南儒臣如兵部尚书齐泰、太常寺卿兼翰林学士黄子澄、翰林侍讲方孝孺等读书人，这些人深受儒家思想影响，对三代圣治十分憧憬，对洪武时期的政治举措有着不同的看法，他们不认为洪武政治完全符合王政的标准，因此这些人希望并建议建文帝能够顺应各阶层人们的要求，对洪武时期的制度和政

---

① 《明史》卷137，《刘三吾传》。
② 《明史》卷3，《太祖本纪三》。
③ 《明史》卷3，《太祖本纪三》。

策进行变革与调整。建文帝既然依靠这些人来治理国政，就不能不受其影响。此外，建文帝统治之初，以燕王朱棣为首的藩王之势力已经尾大不掉，甚至威胁到建文帝的统治。因此，为顺应人心和巩固统治，建文帝在官僚们的支持下迅速采取了一系列改革的措施，史称"建文改制"。

（一）宽刑省狱

建文帝在即位后的次月，就正式拉开了新政的帷幕。

明太祖朱元璋认为，法严则人知惧，惧则犯者少，故能保全民命。法宽则人慢，慢则犯者众，民命反不能保。因而，明王朝建立之初，朱元璋推行严刑峻法，以刚猛治国，乱世用重典，法外用刑情况严重，《大明律》及《大诰》等律书中的量刑大多重于前代。朱元璋执政严苛，屡兴大狱，杀的人很多，甚至还使用了许多恐怖的刑罚，如抽筋、剥皮、阉割、凌迟、砍头等。新朝伊始，宽刑成为人们普遍的愿望。建文帝有意结束其祖父严苛的政风，大力加强文官集团在国家政事中的作用。初登大宝之时，他自己确定新年号为"建文"，与乃祖父"洪武"刚好形成鲜明的对照，从中可见建文帝的治国方略。他希望更正洪武时期让人们心理紧张的政治氛围，力图创造出一个和谐、宽政的政治局面。

建文帝顺应人们的愿望，洪武三十一年（1398 年）闰五月即位，七月即颁布诏书"行宽政，赦有罪"[1]，平反冤狱。建文帝在谕刑部官时说："《大明律》，皇祖所亲定，命朕细阅，较前代往往加重。盖刑乱国之典，非百世通行之道也。朕前所改定，皇祖已命施行。然罪可矜疑者，尚不止此。夫律设大法，礼顺人情，齐民以刑，不若以礼。其谕天下有司，务崇礼教，赦疑狱，称朕嘉与万方之意。"[2]建文帝所说的"朕前所改"云云，是指前文第一部分中已经指出的洪武末朱元璋命朱允炆修改《大明律》的事情，当时朱允炆"遍考礼经，参之历朝刑法，改定洪武《律》畸重者

---

① 《明史》卷 4，《恭闵帝本纪》。
② 《明史》卷 93，《刑法志一》。

七十三条"①。建文帝即位仅一个多月，洪武时期的一些冤假错案就得到了不同程度的纠正，一批无辜的官吏得以恢复自由，被发配远方的很多罪犯也得以返乡安居。据记载，建文朝的罪犯比洪武朝减少了三分之二。建文帝的这些施政举措是对朱元璋严刑峻法的一种调整，反映了建文帝与明太祖执政风格的迥异，使曾经感到紧张与压抑的官员有了畅快和轻松之感，在一定程度上赢得了民心。

（二）减轻赋税

明初以来，江浙地区的田赋明显重于其他地方，这是因为朱元璋憎恨江浙地区的缙绅当年依附张士诚而采取的惩治措施。洪武时期，朱元璋为了打击和遏制江南地主势力，对江浙地区实行重税政策，并在洪武二十六年（1393年）规定，不许苏、松等地人在户部任职。建文帝则认为，江浙重赋只是用惩一时，不应该成为定制，因此不但要减轻田赋，而且江浙人也可以担任户部的官职。建文二年（1400年）二月，建文帝下诏，减免江浙过重的赋税，并废除该地人不许任官户部的规定，诏云："国家有惟正之供，江、浙赋独重，而苏、松官田悉准私税，用惩一时，岂可为定则。今悉与减免，亩毋逾一斗。苏、松人仍得官户部。"②此外，他还针对寺庙侵占民田的情况，下令僧道每人占田不得超过五亩，多余的要退官分给农民。

然而，建文帝毕竟出生于皇宫大内，成长于无忧无愁的环境，接受的是儒家学说的熏陶，缺少对现实的了解，更重要的是，他所重用的大臣也多是缺乏治国经验的饱读诗书的儒臣，因此改革中难免有理想主义色彩。建文帝接受解缙、方孝孺、陈迪等人的建议，欲恢复西周时期的井田制度。力图依托古制进行以复古为目的的改革，这在明朝的改革历史上还是唯一的一次。改革者希望通过这些努力，实现理想中的王者之政。建文集团过重的文人气息与理想主义色彩，最终注定了新政的悲

---

① 《明史》卷4,《恭闵帝本纪》。
② 《明史》卷4,《恭闵帝本纪》。

剧及建文帝个人悲惨的命运。

（三）改革典章制度

建文元年（1399 年）二月，建文帝对"典章制度，锐意复古"。他们使用一些《周礼》中的官名进行官制改革。改革幅度较大的是官制，几乎所有的衙门名称、官职名称都有改变。主要有：（1）改大学士为学士，中极殿等殿各设学士一人，又改谨身殿为正心殿，设正心殿学士。同时罢去公、孤官。（2）在六部尚书之下设左、右侍中，位在侍郎之上；除去各司的"清吏"字样，并将户部的十二司改为四司。（3）建文元年将都察院的左、右都御史改设都御史一人，革佥都御史。建文二年将都察院改为御史府，设御史大夫，改十二道为左、右两院，设御史二十八人。另据记载，建文帝对都察院的职能也有所调整，罢都察院典刑狱，改为御史府，如唐宋御史台故事，专门负责纠察事务。（4）改通政司为通政寺、通政使为通政卿、通政参议为少卿，寺丞增置左右补阙、左右拾遗各一人。（5）翰林院的改革较大，改侍读、侍讲两学士为文学博士，设文翰、文史二馆，文翰以居侍读、侍讲、侍书、五经博士、典籍、待诏；文史以居修撰、编修、检讨。又设文渊阁待诏及拾遗、补阙等官。（6）六科的改革是废除左右给事中，增设拾遗、补阙。（7）五城兵马司改为兵马司；提刑按察使司改为肃政使司；重新设立大理寺，改寺为司；设置京卫武学，等等。（8）"更定品官勋阶"[1]，对官员的品秩进行调整，如六部尚书由正二品升为正一品等。[2] 靖难之役后，建文帝典制方面的改革基本被明成祖否定。

（四）突破辅政旧制

洪武朝虽废丞相设殿阁大学士，但因初设，加上朱元璋专制集权的制约，其制

---

① 《明史》卷 4，《恭闵帝本纪》。

② 参见张显清、林金树等著：《明代政治史》（下），广西师范大学出版社 2003 年版，第 836 页。

度尚不成熟，尤其是不允许殿阁大学士处理章奏，成为一个禁区，给后嗣之君实行这一制度造成一定难度。这种不完备的辅政体制持续到建文朝，如果不能在旧制上有所突破，将无法适应新形势下中央政府决策的需要。因此，建文帝即位后，在辅政体制上，他继承了朱元璋的做法并在实践中有所发展。所谓继承，是指继续设置殿阁大学士，只不过略有变化，"改大学士为学士，华盖、文华、武英、正心殿、文渊阁各学士一。各殿增待诏典籍，革东阁大学士"①。所谓发展，是指除翰林官详看奏启，兼司平驳外，将翰林学士的辅政力度加大，顾问功能加强，由以前偏重学术论思转为"国家大政事辄咨之"，臣僚"临朝奏事"，被命于"宸前批答"②。这些职能的扩展，表明皇帝所要求的辅政标准已大大提高，③辅臣的权力也在提高，如方孝孺、黄子澄等成为与建文帝"同参国政"的"亲臣"，就标志着由翰林儒臣组成的辅政体制已经由洪武时期的咨政发展到建文时期的参政，这已经突破了旧制。

（五）锐意削藩

藩王制度是朱元璋重视与推行的一项重要制度。他将诸皇子分封到各地，与之以护卫，供给其粮禄，目的是要这些皇子各镇一方，成为皇室的屏障，保证朱明江山的长治久安。朱元璋是这样说明他建立藩王制度的目的的："诸子当封以王爵，分茅胙土，以藩屏帝室。"④明初藩王权力很大，各自的势力也有不同程度的扩展，"初，高皇帝欲强宗藩以镇安天下，诸亲王多拥三护卫重兵。遣将征诸路兵，必关白亲王知乃发"⑤。不仅如此，一些亲王如朱棣等还直接拥有节制朝廷军队的权力，"诸王封并塞居者皆预军务，而晋、燕二王，尤被重寄，数命将兵出塞及筑城屯田，大将如

---

① 《国榷》卷 11。
② 《明史》卷 141，《方孝孺传》。
③ 参见张显清、林金树等著：《明代政治史》（上），广西师范大学出版社 2003 年版，第 256—257 页。
④ 《明太祖实录》卷 51。
⑤ 高岱：《鸿猷录》卷 7，《靖难师起》。

宋国公冯胜、颍国公傅友德皆受节制"①。而燕王朱棣的权力尤其大，"令王节制沿边士马"②。权力过大，加之一些人因此做出许多不法之事，藩王问题也成为明初政治稳定中的隐患。朱元璋在世时，诸藩王尚不敢为所欲为，但朱元璋去世后，建文帝因为辈分低、威望未著等因素，藩王对中央政府的离心力就自然增大，故对皇权的危险性也就迅速凸显出来。因而，朱元璋时的分封制势必要有所改变。不过，需要调整藩王制度是一回事，但能否合理改革与调整又是另外一回事。显然，这是对建文帝能否巩固统治的一项最为严峻的考验。

建文帝改革分封制最重要的措施是削藩。削藩的酝酿，在建文帝为皇太孙时就开始了，即著名的"东角门之议"。"惠帝为皇太孙时，尝坐东角门谓子澄曰：'诸王尊属拥重兵，多不法，奈何？'对曰：'诸王护卫兵，才足自守，倘有变，临以六师，其谁能支？汉七国非不强，卒底亡灭，大小强弱势不同，而顺逆之理异也。'太孙是其言。"其后的削藩，实际是"东角门之议"的继续和具体实施。建文帝即位四个月后，便开始采用齐泰、黄子澄的削藩建议，洪武三十一年（1398 年）八月，开始大刀阔斧地"骤事削藩"③。"八月，周王橚有罪，废为庶人，徙云南。"④此后湘王朱柏、齐王朱榑、代王朱桂、岷王朱楩在建文元年（1399 年）相继被废为庶人，一时间，削藩声势浩大而又严厉，各藩王惶惶不能自安，都在寻求自保之路，一场导致政局骤变的危机正在酝酿。

在削藩的同时，建文帝还针对藩王制度推出了两项改革，首先是"诏诸王毋得节制文武吏士"⑤，对诸王的权力进行限制。建文帝的此项政策是建文元年二月推出的，显然是在为进一步的削藩做准备，其目的就是针对燕王朱棣等握有重兵的藩王而推行的举措。其次是对王府内部的官制进行改革。各王府的长史司是管理王府事

① 《明史》卷 116，《晋王㭎传》。
② 《明史》卷 5，《成祖本纪一》。
③ 《明史》卷 141，《黄子澄传》。
④ 《明史》卷 4，《恭闵帝本纪》。
⑤ 《明史》卷 4，《恭闵帝本纪》。

务的机构，其主要官员由朝廷选派。洪武时期这一机构的名称和职官的配置多次变更，至洪武十三年（1380年）才基本定型。建文时则对长史府再次进行调整，"增置亲王宾辅二人，伴读、伴讲、伴书各一人，长史三人。郡王宾友二人，教授一人，记室二人，直史一人，左右直史各一人，吏目一人……其宾辅、三伴、宾友、教授进见时，侍坐，称名而不称臣，礼如宾师"①。从这条史料中可以看出，对长史府的此次改革主要包括三项内容，即增设官职增加人员、为郡王单独设置一套人马、提高新增人员的地位。②建文帝之所以这样改革，其目的显然是尊朝廷与加强中央集权。

对这种大规模的削藩举动，朝廷中意见不一，有人认为藩王是朱元璋所封，也是建文帝的骨肉至亲，削藩就是骨肉相残，既于心不忍，也易引起藩王们的造反。一些官员虽支持建文帝削藩，但认为应采取稳妥的因循渐进的办法逐步解决藩王问题。如前军都督府官员高巍提出应仿效汉代贾谊那种"众建诸侯而少其力"和主父偃"推恩令"的办法对藩王子弟再加以分封，或将居东南的藩王子弟分封于西北，居西北藩王的子弟分封于东南，这样藩王势力自然就会逐渐衰弱。户部侍郎卓敬也提出将势力最大的燕王朱棣迁封到南昌的建议，这样既可维护亲情之谊，不伤藩王面子，又可以削弱他的势力。从后来的局势发展看，高巍、卓敬等人的主张是很有道理的，这样至少可以延缓和避免皇帝与藩王之间矛盾的激化，可以使新登基的建文帝进一步巩固统治并有充足的时间去解决藩王问题。建文帝削藩本意是为了巩固政权，但操之过急反而激化了矛盾，过早地导致了危机。③

建文帝的削藩在建文元年（1399年）六月就遇到了强大的阻力，燕王朱棣以武力反抗削藩，兴起所谓的靖难之师以"清君侧"为名进行抵抗，从而使这项政治改革演变成一场血腥的军事斗争。最终，建文帝没能取得这场军事斗争的胜利，削藩

---

① 《明史》卷75，《职官志四》。
② 参见张显清、林金树等著：《明代政治史》（下册），广西师范大学出版社2003年版，第834—835页。
③ 参见齐涛主编，朱亚非著：《中国政治通史》（8），《精致极权的明朝政治》，泰山出版社2003年版，第82页。

以失败而告终。

三、燕王夺位

建文帝依靠齐泰、黄子澄大力推行削藩政策，在削夺周、岷、代、齐、湘等藩王权力的同时，又在北平周围部署兵力，以工部侍郎张昺为北平左布政使，以谢贵为都指挥使，在北平城内监视燕王朱棣的动静。为了对付燕王，建文帝命都督宋忠率兵三万及燕府护卫精锐屯开平，命都督耿瓛练兵于山海关，徐凯练兵于临清，在部署停当后，建文元年（1399年）六月，建文帝诏令张昺、谢贵、张信逮捕朱棣及王府官属，开始剥夺燕王的军政权力。在此矛盾不可调和之际，燕王朱棣以"清君侧"为名，起兵相抗，靖难之役于是发生。

朱棣起兵发动靖难之役后，建文元年七月，杀布政使张昺、都指挥使谢贵，控制与稳定了北平局势；八月，朱棣北上攻取大宁（今内蒙古宁城西），收复宁王麾下数万精兵，一时势力大增。

就在燕王挥师大宁之际，建文帝却犯了一个致命的错误，让李景隆取代耿炳文为讨燕大将军。耿炳文作为一员老将，虽才气、果敢不足，然非常谨慎、沉稳，他固守真定城，北军难以自此通过南下，不得不退回北平。年轻气盛的建文帝却对耿炳文固守战略不满，一心想一鼓作气迅速消灭叛军，遂采纳黄子澄的建议，让李景隆取代耿炳文任南军前线最高军事统帅。李景隆是开国元勋李文忠的长子，袭爵曹国公，虽门第显赫，但对于作战却缺乏实战经验。对于出征讨伐燕王叛军，建文帝对他寄予了极大的厚望，给他五十万军队，赐予他"通天犀带"，对属下文武官员有生杀大权。李景隆出征前，建文帝亲率百官为他把盏钱行。但李景隆缺少谋略，又嫉贤妒能，将领的积极性未能充分发挥出来。此时燕王正在率主力北上夺取大宁，对李景隆而言，本是一个非常好的进攻时机，但他围攻北平一个半月竟未能攻下，反遭燕王回兵反击，损兵折将上万。建文二年四月，双方大战于白沟河，南军在占优势的情况下，却因李景隆指挥不当，结果全线崩溃，李景隆仅率少数人逃到德州，南军被歼灭和投降达十余万，几乎全军瓦解。经过这场战役，燕王与建文帝双方的胜负之局，已经初步分明。

关于靖难之役初期的这段历史关节，《明史·齐泰传》有如下记载：

> 建文元年，周、代、湘、齐、岷五王相继以罪废。七月，燕王举兵反，师名"靖难"。指泰、子澄为奸臣。事闻，泰请削燕属籍，声罪致讨。或难之，泰曰："明其为贼，敌乃可克。"遂定议伐燕，布告天下。时太祖功臣存者甚少，乃拜长兴侯耿炳文为大将军，帅师分道北伐，至真定为燕所败。子澄荐曹国公李景隆代将，泰极言不可。子澄不听，卒命景隆将。当是时，帝举五十万兵畀景隆，谓燕可旦夕灭。燕王顾大喜曰："昔汉高止能将十万，景隆何才，其众适足为吾资也！"是冬，景隆果败。帝有惧色，会燕王上书极诋泰、子澄。帝乃解二人任以谢燕，而阴留之京师，仍参密议。景隆遗燕王书，言二人已窜，可息兵。燕王不听。明年，盛庸捷东昌，帝告庙，命二人任职如故。及夹河之败，复解二人官求罢兵，燕王曰："此缓我也。"进益急。[①]

朱棣虽在白沟河一役重创建文帝主力，但在南进的过程中并不顺利，双方一度成相持不下的局面。

建文二年（1400 年）下半年，朱棣率兵进入山东，自五月至八月，包围济南城达三个半月之久，但在山东布政使铁铉和将军盛庸的坚守下，阻挡住了北军接二连三的攻势，铁铉还一度设计假降，差点将朱棣生擒。在济南久攻不下之时，建文帝又派将军平安率大军攻入德州，切断北军退路，迫使朱棣不得不退回北平，这次北军南进未能成功。到了十月，北军再度南下，在东昌（今聊城）又遭到南军盛庸部的顽强阻击，双方激战数日，北军大将张玉战死，朱棣也差点被生擒，南军依仗人数优势，在山东北部对北军围追堵截，朱棣费尽气力，才指挥北军于次年一月突围退回北平，山东及河北一些北军原已占有的地区又重被南军攻占。

---

① 《明史》卷 141，《齐泰传》。

由于南军在人数上占有优势，再加上盛庸、平安、铁铉等忠于建文帝的将领全力以赴地作战，使朱棣无法按计划突破山东防线南下。建文三年（1401 年），双方胶着于河北、山东一线，在作战中，北军发挥了善于机动作战的特长，朱棣指挥比较得力，部下英勇善战，胜多负少。但南军依仗人数较多，主动地固守在真定、德州、济南、徐州等战略要地，依靠城池之坚固，顽强防守，使北军无法越过山东南下，双方陷入了战略僵局。

从建文四年开始，朱棣改变战略战术，趁南京防守空虚，果断集中兵力，采取舍近求远的路线，出其不意绕过南军重兵屯扎的德州、济南、徐州等城市，三月攻占皖北重镇宿州，四月攻克灵璧，俘南军骁将平安，大破南军主力，然后果断置后方的南军于不顾，于五月初抵达淮河以北的泗州，采取佯攻正面，吸引南军盛庸部，主力则从另一处渡河，攻占盱眙。此后朱棣放弃攻打凤阳和淮安两处重镇，直取扬州，扬州卫指挥使王礼举城投降，夺取扬州后，北军距南京已近在咫尺，建文帝虽下令各地勤王，但已是远水难解近渴，六月二日，北军夺取南京的江北门户浦口镇，燕王朱棣大军已临南京城下。①

此时，建文帝采纳方孝孺建议，派人求和，希望与燕王划江而治，但被朱棣拒绝。在北军准备渡江夺取南京前夕，南军防守长江的都督金事陈瑄又率全部水军归顺燕王，给了建文帝致命一击。六月三日，燕王率军渡过长江，先占领镇江，再进逼南京，十三日，朱棣进抵南京金川门，守卫金川门的李景隆和谷王橞开门迎降，"宫中火起，帝不知所终"②，这即是明史上所谓的"靖难之变"。

很快，燕王朱棣就在南京即皇帝位，"杀齐泰、黄子澄、方孝孺，并夷其族。坐奸党死者甚众"。诏"今年以洪武三十五年为纪，明年为永乐元年"③，是为明成祖，也称明太宗，明朝的历史进入朱棣统治的新的时期。

---

① 参见齐涛主编，朱亚非著：《中国政治通史》（8），《精致极权的明朝政治》，泰山出版社 2003 年版，第 87—88 页。
② 《明史》卷 4，《恭闵帝本纪》。
③ 《明史》卷 5，《成祖本纪一》。

　　"靖难之变"能否避免？建文帝的削藩如果不是实行过激的策略而采取缓进的办法是否可以成功？这都是有待史学家进一步深入探究的问题。

　　事实上，朱棣所以能取得靖难之役的胜利，嘉靖时的高岱认为有两个方面的原因：一是朱棣采取了正确的方针策略；二是建文帝方面谋事不当，任非其人。对于第一方面的原因，高岱的看法是："成祖以太祖之嫡子，不得已而兴靖难之师，四方人心，多所观望，唯视金陵成败为向背耳。若复攻城略地，广土众民，必待四方之服，而后徐议根本之计，则稽延岁月，师老时变，非所谓批虚扼吭之兵也。盖其所急在京师，而不在四方。故城有所不攻，地有所不取，长趋入京师，以先图根本。根本既定，四方岂有不服者哉！"至于第二方面的原因，高岱的结论是："建文君之失国，则以其君之行法不断，臣之谋事不当故耳。夫国之存亡，在任得其将，将之成败，在驭得其柄。今帷幄之算，惟务兵多，而不先于择将；折冲之寄，各存侥幸，而不先于合谋。盖盛庸受推毂之任，而元非御侮之才；平安有报国之忠，而不当专阃之任。则国事之去，由李景隆坏之于先，而盛庸辈不能振之于后也。"① 高岱的看法是合乎当时情况的。不过，建文帝的削藩失败，主要还不是他在靖难之役中的用人不当，而是因为他的削藩策略过于急切，不是在藩王的承受力度下逐渐推进，而是想毕其功于一役，周王等强藩身死藩灭的血淋淋的残酷现实最终促成了燕王的起兵叛乱而最终你死我活，这应是建文帝及其谋臣当初大刀阔斧地削藩时所始料不及的。

　　从制度上分析，明初的这场夺位之战无法避免，因为它是由封藩制度的内在矛盾所决定的，是朱元璋封建发展的必然结果。皇权制度需要高度中央集权，而封藩制却是一种分权的制度，藩王体制需要独立行使权力的能力。虽然明代的封藩没有政权的分割，且严格限制藩王过问地方政权的事务，但赋予了藩王独立的军队和军权，也确立了他们不完全依赖于国家的经济来源。因此，朱元璋的封藩制与中央集权的矛盾客观上是存在的。从中央方面讲，集权以实现专制不容含糊；从

---

① 高岱：《鸿猷录》卷8，《长驱金陵》。

藩王方面讲，既有之权力当然不愿被剥夺。此外，藩王既然拥有了在一定程度上可以抗衡皇权的实力，在权力自身的运动规律驱使下，难免会得陇望蜀，滋生更大的野心。因此，既然这种根本性的矛盾不可避免，其冲突总爆发也就是迟早的事情。①

---

① 参见张显清、林金树等著：《明代政治史》(下)，广西师范大学出版社 2003 年版，第 753 页。

第三章　成祖开拓

永乐年间是明朝历史上一个极其重要的发展时期，更是一个气势恢宏、朝气蓬勃、积极进取的充满活力的朝代。明成祖朱棣的即位不仅打断了建文时期以"仁德"柔术治天下的路线，也改变了洪武以来的以内敛无为为特征的治国方略，使明朝的治理路线由内敛专制转变为积极地向外开拓与进取。虽然朱棣在即位之初宣布完全遵守祖制，但他自己则多次出征漠北，实行削藩，尤其是派郑和下西洋、派人出使西域等举措，明显与朱元璋的治国思路大相径庭。永乐年间，明成祖内政外交较洪武时期都有所突破，他通过建设并迁都北京、继续削藩并取得成功、完善内阁制度、建立东厂特务机构、编修《永乐大典》、兴修水利、治理运河、派遣郑和下西洋等治国措施，把明太祖的基业与治国理政的政策推向了高潮。明成祖在政治、军事、经济、文化等方面都有所建树，在他的治理下，明王朝的国力开始走向鼎盛时期，所有这些，都使得永乐时期成为中国历史上的一个令人神往的时代。

一、迁都北京

北京是明成祖朱棣赖以成功的发祥地，又是辽金元的故都，历史悠久，基础雄厚，居高临下，便于控制全国，特别是从明初北方蒙古贵族不断南下骚扰的政治、军事形势来看，为了有力地抵御蒙古贵族的进犯，将北京作为全国的政治、军事中心，显然比南京更为适宜。洪武时，曾有人提出在元朝京都的北京建都，但当时元朝残余势力仍不时对北京形成威胁，使朱元璋难以下定决心，最后仍确定以南京为首都。明成祖朱棣夺取政权后，虽仍以南京为首都，但实际上他长期住在北京。主要基于以下三方面考虑：一是元朝残余势力仍然对明朝北方边疆造成严重的威胁，明成祖有御边几十年的经验，当了皇帝后，作为军队的最高统帅，他仍然对蒙古的威胁放心不下，作为喜爱武功文治的有为皇帝，朱棣仍直接指挥着防御元朝残余势力入犯，而北京处于防御元朝残余入犯的最前线，便于直接指挥反击，而南京则远在数千里之外，远远没有这样的便利条件。二是除了防御元朝残余势力外，明成祖对北京有着深厚的感情，他早年就被封为燕王，从洪武十三年（1380年）到永乐元年（1403年），二十余年间，一直是在北京度过的，他的雄厚实力是在北京逐渐发展起来的。他在北京军民中享有很高的威望，永乐元年，靖难之役发生不久，当他率军北上大宁，北平空虚之时，李景隆大军拼命攻打北京城，是北京军民奋力抵抗，才使北京未被攻陷。三是当时南京拥护建文帝的势力仍然很大。尽管朱棣在即位前后对反对派进行了残酷的镇压，公开的反抗虽被平息，但对朱棣不满的势力仍在暗流涌动，朱棣在南京仍有一种不安全的心理。无论如何，对明成祖朱棣而言，南京没有北京那种牢固的根基，这也是他决定迁都的重要原因之一。

迁都北京由礼部尚书李至刚提议并为朱棣采纳。从永乐四年开始，明成祖下令修建北京宫殿，派人分别到四川、湖广、江西、浙江、山西采集木石，又动员数万民工大兴工程，直到永乐十八年，北京城才正式完工。北京城的建设基本仿效南京，其建筑比南京城更加雄伟壮观。北京城分为外城、皇城两部分，外城有九门，即正阳门、崇文门、宣武门、朝阳门、东直门、阜成门、西直门、德胜门、安定门，这九门的称呼一直沿用至今。

北京城最为辉煌壮观的是皇城部分，其中又以紫禁城为最，它是皇帝和皇室人员居住的地方，其主体建筑是三大殿。在三大殿中，奉天殿是最雄伟高大的建筑，是皇帝接受百官朝贺的地方，奉天殿中央是皇帝的龙椅，象征着天子的权力。奉天殿后面的华盖殿是皇帝休息的地方。华盖殿后面的谨身殿是皇帝招待中外客人的地方。三大殿后面是内廷和御花园，这是皇帝和嫔妃、皇子、公主生活、住宿之处。在皇城外东面是太庙（今劳动人民文化宫），西面是社稷坛（今中山公园），分别是皇帝祭祖和祭祀土地神的地方。此外，在皇城稍远处还兴建了天坛、山川坛（今先农坛），也是皇帝祭祀天地、山川的地方。永乐十八年（1420年），北京主要建筑完工后，明成祖下令迁都北京，自永乐十九年始，北京成为明朝新的首都。北京成为首都后，原来的都城南京因为是明朝开国之都，其中央政权主要机构的名称仍加以保留，不过留在南京任职的官员都是虚职，并无实权。[①]

二、继续削藩

明成祖朱棣即位后，继续实行削藩之策，并基本达到目的。明成祖朱棣是以藩王起兵夺得皇位的，因此，他对藩王权势过重的危害自然非常清楚。不过即位之初，朱棣虽然急欲削减藩王的权势，但因为统治地位不稳，鉴于建文帝削藩操之过急的教训，他没有急于削藩，而是采取了欲夺先予的正确策略。

永乐元年正月，明成祖朱棣恢复了被建文帝贬削的藩王的地位，"复周王橚、齐王榑、代王桂、岷王楩旧封"[②]。并赏赐有加，示之以恩。这时，他所打击的藩王只是

---

① 参见齐涛主编，朱亚非著：《中国政治通史》（8），《精致极权的明朝政治》，泰山出版社2003年版，第98—99页。

② 《明史》卷6，《成祖本纪二》。

个别的，如势力最强、对其威胁较大的宁王权被徙于南昌。等到自己统治地位巩固后，朱棣就立即进行削藩。他首先于永乐元年（1403年）十一月革去代王桂的三护卫及官属。永乐四年五月，削去齐王榑的官属和护卫，八月又将其废为庶人。永乐六年，削岷王楩的护卫并罢其官属。永乐十年削辽王植护卫。永乐十五年废谷王橞为庶人。永乐十九年，朱棣的同母弟周王橚，在朱棣的示意下，"献还三护卫"①。这样，就把当时掌握兵权的大部分藩王，或削其护卫，或废为庶人，基本上实现了削藩的目的。同时，朱棣即位后，与其父朱元璋杀戮功臣使诸王典兵的做法相反，大封靖难功臣，这就使得中央政权有了可靠的武力保证。但朱棣对藩王分封还没有从制度上进行改变，对他自己的儿子汉王高煦和赵王高燧，仍然按祖训设立了护卫，从而伏下了宣德元年（1426年）高煦之叛的祸根。明宣宗朱瞻基率兵平定了高煦的叛乱之后，先后又削除了楚、蜀、肃及赵等王府的护卫。自此以后，王府不再设立护卫等军事力量。经过明成祖的治理，诸藩王的护卫人数大减，也不再拥有节制地方守镇兵的权力，而成为坐食禄米的皇族地主。因此，从永乐"靖难之役"和宣德时平定"高煦之叛"以后，藩王的势力大衰，在政治上已不能再威胁到皇权。②

三、完善辅政机构

明成祖朱棣即位后，为了便于皇权的运作，继续完善咨询议政的内阁辅政制度。当初，明太祖朱元璋废除丞相撤中书省之初，朱元璋一度对"政皆独断"颇为得意，但事隔不久，他已难于应付政务集于一身的局面。据给事中张元辅统计，洪武十七年（1384年）九月十四至二十一，内外诸司奏事札达一千六百六十件，共三千三百九十一事。③朱元璋日理万机，极为繁忙，不得不承认"人主以一身统御天

---

① 《明史》卷116，《周王橚》。

② 参见南炳文、汤纲著：《明史》（上），上海人民出版社2014年版，第131—132页。

③ 《明太祖实录》卷165。

下，不可无辅臣"，"密勿论思，不可无人"①，因此于洪武十三年（1380年）九月设四辅官，职责是覆核司法、人事等工作，与皇帝"讲论治道"，个别参与研究皇帝提出的一些问题。四辅官都由来自乡间的老儒充任，他们淳朴无他长，起不到佐理政务的作用，过了一年多时间便被废除。洪武十五年，朱元璋又设殿阁大学士，以翰林院官充任，为皇帝"咨询道理，商榷政务，评骘经史"②，另外任用一些翰林院官协助处理章奏。这种将顾问与平章政事分离的办法，虽可防止皇权的旁落，但限制了大学士的辅政功能。③永乐时，内阁成员的素质、职能，比洪武时有了显著的变化。明成祖朱棣即位后，为了发挥辅臣的辅政功能，应付复杂的政局，他于建文四年（1402年）八月，"开内阁于东阁门内"④，命"侍读解缙、编修黄淮入直文渊阁。寻命侍读胡广、修撰杨荣、编修杨士奇、检讨金幼孜、胡俨同入直，并预机务"⑤，把各种机要事务、奏章文书，全都集中到内阁拟办。把他们一再提升为侍读、侍讲等职，让他们"朝夕左右"，参与有关征战、防边、立储、用人、征调、蠲免赋役等军国大政的商讨，"机密重务悉预闻"⑥，开了殿阁之臣参与军国大事的先例，"阁臣之预务自此始"⑦。永乐五年（1407年），鉴于胡俨考满被调出，知照吏部"（胡）广等侍朕日久，继今考满，勿改外任"⑧。从此阁臣不外调便成为惯例，明朝内阁制度自此形成雏形。不过，终永乐一朝，殿阁大学士还只是兼衔，他们的正式职务仍是翰林院官，品秩也不超过五品，而且"不置官属，不得专制诸司"⑨。这种内阁还不是法定的最高行政机构，没有衙署，没有印信，人员数额也不固定，仅有内阁的雏形，还不能算作真

---

① 《明太祖实录》卷133。
② 黄佐：《翰林记》卷8，《备顾问》。
③ 参见陈梧桐、彭勇著：《明史十讲》，上海古籍出版社2007年版，第42页。
④ 李贽：《续藏书》卷10，《内阁辅臣》。
⑤ 《明史》卷5，《成祖本纪一》。
⑥ 《明史》卷147，《黄淮传》。
⑦ 《明史》卷72，《职官志一》。
⑧ 《明太宗实录》卷54。
⑨ 《明史》卷72，《职官志一》。

正的内阁制度。

总结永乐朝辅政体制的演变，我们可以进一步看到：其一，解缙等人入值文渊阁，原翰林儒臣"掌制诰""详看诸司奏启，兼司平驳"等职能随之移入文渊阁，亦即内阁。这些均原属翰林院的职掌，并非是什么新的使命。其二，解缙等人入阁，同时承担原殿阁大学士"备顾问"的职责。但是当时并未进封为殿阁大学士，顾问一职，实际上还是以翰林学士或翰林侍读、侍讲、编修、检讨等官充任。其三，将洪武朝儒臣的几种职能集于一身的做法，是直接效法了建文朝方孝孺、黄子澄等人的辅政方式。事实上，永乐朝并非尽反建文之政，明成祖即位后，虽然曾一度尽废建文帝的各种旧政，但接受了吏部尚书蹇义的建议。蹇义建议明成祖："损益贵适时宜。前改者固不当，今必欲尽复者，亦未悉当也。"并"举数事陈说本末。帝称善，从其言"[①]。明成祖是一个雄才大略的君主，他认识到，如果不顾客观需要，尽废建文朝的政治，就不可能有内阁制度的发展，因此损益建文政治，对翰林儒臣与殿阁大学士的议政职能，由分散变为集中，这种整合后的辅政体制，终于突破了洪武朝大学士不预机务的禁区，从而使议政、献策建立在更为符合现实需要的基础上。这样，内阁作为一个初步完备的议政咨询机构，已经相对独立于翰林院，辅政的基本形式虽然没有改变，但服务于君主决策的质量和效能却得到了大大提高。[②]

四、设立东厂

"东厂之设，始于成祖。"[③]明成祖时为了加强皇权设置了东厂。东厂是由内廷宦官所控制的一个特务机构，它与明太祖时设立的锦衣卫合称"厂卫"。厂卫制度是明

---

① 《明史》卷 149，《蹇义传》。
② 参见张显清、林金树著：《明代政治史》（上），广西师范大学出版社 2003 年版，第 264—265 页。
③ 《明史》卷 95，《刑法志三》。

朝皇权专制的重要标志。

明成祖朱棣重用宦官，为了加强对朝中官员的控制，他让宦官肩负起刺事的职责，甚至在永乐初很信任他们。永乐十八年（1420 年），明成祖任用宦官建立东厂，其外署在东安门外。设置的原因在于明成祖的帝位由"靖难"而得，所以"防微杜渐，无所不用其极。初令锦衣卫官校暗行缉访谋逆、妖言、大奸大恶等事，犹恐外官徇情，随设东厂，令内臣提督控制之，彼此并行，内外相制"①，其缉访对象包括王府以下臣民。东厂的设立，是宦官有组织地参与国家司法的开始。

东厂的体制，在内廷衙门中最为隆重。凡内官奉差关防，唯东厂篆文为"钦差监督东厂官校办事太监关防"。东厂提督太监由司礼监秉笔太监第二或第三人兼任，有"钦差总督东厂官校办事太监"之印，被称为"督主"，"权重视总宪兼次辅"②，但其下无属官。东厂有掌刑千、百户各一人，又有掌班、领班、司房、管事。负责外勤的役长称档头，有百余人，专职侦察，辖番役千人，分成十二班。这些人"逢人不肯道姓名，片纸探来能坐缚"③，权力甚大。东厂的侦察方式主要有两种，一是听记，"其视中府诸处会审大狱、北镇抚司拷讯重犯者"，本厂皆有人听记。具口词一本，捞打数一本，于本日晚或次早奏进。另一是坐记，即缉访其他官府及京城、皇城各门，如每日访看兵部有无进部、有无塘报、某官行某事、某城门得某奸、某地失火或雷击何物、皇城禁地人命，每月终奏报在京各种粮油价格等，由"胥吏疏白坐记者上之厂曰打事件"。由于番役出钱买事件，流氓收钱卖事件，"以故事无大小，天子皆得闻之。家人米盐猥事，宫中或传为笑谑，上下惴惴，无不畏打事件者"④，其触角无孔不入，涉及朝野内外、官民政治及社会生活的方方面面。⑤ 东厂设有监狱，

---

① 《明宪宗实录》卷 225。

② 刘若愚：《酌中志·内府职掌》。

③ 朱琰：《白靴校尉行》，《明人诗钞正集》卷 12。

④ 《明史》卷 95，《刑法志三》。

⑤ 参见白钢主编，杜婉言、方志远著：《中国政治制度通史》，第 9 卷，明代，人民出版社 1996 年版，第 254 页。

东厂逮捕的人犯，可以关在厂内监狱或直接送诏狱，一般都自行审理完毕，然后"送法司拟罪上闻"，这时除奉特旨外，外臣乃至阁臣均不得过问，这说明，设立东厂主要是为皇帝专制服务的，但重用宦官就势必会扩大宦官的力量，明朝中后期屡屡发生的宦官干政，其根源即滋生于明成祖时期。

五、编修《永乐大典》

明朝永乐年间，明成祖朱棣先后命解缙、姚广孝等主持编纂《永乐大典》。这是一部集中国古代典籍于大成的类书，初名《文献大成》，后明成祖亲自撰写序言并赐名《永乐大典》。全书正文两万两千八百七十七卷、目录六十卷，共计两万两千九百三十七卷，一万一千零九十五册，约三亿七千万字，汇集了古今图书七八千种。

明太祖洪武二十一年（1388年），即欲修纂类书，商议编辑经史百家之言为《类要》，但未修成。永乐元年（公元1403年）七月，明成祖朱棣决心编修一部巨著彰显国威，造福万代。为此，他在下达诏令中说："天下古今事物，散载诸书，篇帙浩穰，不易检阅。朕欲悉采各书所载事物，类聚之而统之以韵，庶几考索之便，如探囊取物尔。尝观《韵府》、《回溪》二书，事虽有统，而采摘不广，纪载太略。尔等其如朕意，凡书契以来，经、史、子、集百家之书，至于天文、地志、阴阳、医卜、僧道、技艺之言，备辑为一书，毋厌浩繁。"[1]为这部类书的编纂体例和指导思想作了明确的规定。永乐二年书成，初名《文献集成》；明成祖过目后认为所纂尚多未备，于是永乐三年再命太子少傅姚广孝、解缙、礼部尚书郑赐监修以及刘季篪等人重修，永乐五年定稿进呈，明成祖看了感到满意并亲自作序，命名为《永乐大典》。《永乐大典》内容包括经、史、子、集，涉及天文地理、阴阳医术、占卜、释藏道经、戏剧、工艺、农艺，涵盖了中华民族数千年来的宝贵知识财富，"元以前佚文秘典、世

---

[1]《明太宗实录》卷20。

所不传者，转赖其全部全篇收入"① 而得以保存下来，成为中国文化史上一项重要的结晶。

六、治理运河

永乐时最主要的水利工程是对南北大运河的治理。"明成祖肇建北京，转漕东南，水陆兼挽，仍元人之旧，参用海运。逮会通河开，海陆并罢。南极江口，北尽大通桥，运道三千余里。"②

元明时期，北方军粮、官俸及宫廷耗费，绝大部分皆仰赖于江南。元朝统治者为了把南方的物资运送到北京，曾开浚了山东境内的会通河，使南北大运河全线贯通，但因水量不能很好调节，因此运河的输送量仍然受到限制，南粮北调的任务，主要仍由海运来负担。元末，会通河已废不用，到明初洪武时，"河岸冲决，河道淤塞"③。因此，在永乐时漕粮北运就更为艰难，"海运险远多失亡，而河运则由江、淮达阳武，发山西、河南丁夫，陆挽百七十里入卫河，历八递运所，民苦其劳"④。"永乐四年，成祖命平江伯陈瑄督转运，一仍由海，而一则浮淮入河，至阳武，陆挽百七十里抵卫辉，浮于卫，所谓陆海兼运者也。海运多险，陆挽亦艰。九年二月乃用济宁州同知潘叔正言，命尚书宋礼、侍郎金纯、都督周长浚会通河。"⑤永乐九年，"济宁同知潘叔正言：'会通河道四百五十余里，其淤塞者三之一。浚而通之，非惟山东之民免转输之劳，实国家无穷之利也。'"⑥ 于是明成祖命工部尚书宋礼，"发山东及徐州、应天、镇江民三十万"并力开浚，"二十旬而工成"⑦。

---

① 《四库全书总目》卷 137。
② 《明史》卷 85，《河渠志三》。
③ 《明史纪事本末》卷 24，《河漕转运》。
④ 《明史》卷 153，《宋礼传》。
⑤ 《明史》卷 85，《河渠志三》。
⑥ 《明史纪事本末》卷 24，《河漕转运》。
⑦ 《明史》卷 153，《宋礼传》。

宋礼这次治理运河，并不只是简单地加以疏浚，而是解决了元代治河时所没有解决的水量调节的关键工程。宋礼负责治河工程后，有一汶上老人白英向他建议："南旺地耸，盍分水于南旺，导汶趋之，毋令南注洸，北倾坝。其南九十里使流于天井，其北百八十里使流于张秋，楼船可济也。"① 这是白英长期实地考察地形而制定的比较正确的治理方案。宋礼接受了这个建议，解决了会通河的水量问题。南旺在鲁西丘陵地区，地势高，为当时的"南北之脊"，它"北至临清，地降九十尺"，"南至沽头，地降百十有六尺"。宋礼采纳白英的建议，"筑堽城及戴村坝，横亘五里，遏汶流，使无南入洸而北归海。汇诸泉之水，尽出汶上，至南旺，中分之为二道，南流接徐、沛者十之四，北流达临清者十之六"② ."南北置闸三十八"③，调剂水量。并在南旺的南北两头与运河交接处各筑闸，这样，"闭诸北闸则南流，闭诸南闸则北流"，使得"水如人意"，"命之左则左灌济宁，命之右则右灌临清"④ 。经过宋礼对会通河的治理，从徐州至临清，漕船载着大量粮饷顺利通过，"若涉虚然"⑤ 。于是，永乐十三年（1415 年），明朝就罢海运而专任河运。

接替宋礼治理运河而卓有成效的是陈瑄，"宋礼之功在会通，陈瑄之功在淮南"⑥ 。会通河的问题虽基本解决，但运河在淮南地段仍有不少问题。首先是南来船只到淮安后，不能直接进淮。其所载货物须陆运盘过仁、义、礼、智、信五坝（漕船由仁、义二坝过，官民商船由礼、智、信三坝过），才能进淮到清河，由漕船接运北上，"挽输甚劳苦"。漕运总督陈瑄，于永乐十三年访问故老得悉："淮城西管家湖西北，距淮河鸭陈口仅二十里，与清江口相值。宜凿为河，引湖水通漕。"⑦ 陈瑄就开凿清江浦，导管家湖水至鸭陈口入淮，这样就使漕船免除了盘坝之苦。

① 《名山藏》卷 49，《河漕记》。

② 《明史》卷 153，《宋礼传》。

③ 《明史》卷 85，《河渠志三》。

④ 《行水金鉴》卷 121。

⑤ 何乔远：《名山藏》卷 49，《河漕记》。

⑥ 何乔远：《名山藏》卷 49，《河漕记》。

⑦ 《明史》卷 85，《河渠志三》。

陈瑄还解决了漕船避开徐州吕梁洪险区的问题。吕梁洪一直是漕船的畏途，"舟楫邂逅多倾覆"①。经过这里的船工只好祭祀神龙来保佑平安。陈瑄为了解决吕梁洪的问题，于旧洪西岸开凿了一条新渠，这样就避开了吕梁洪之险，保证了往来船只的安全。陈瑄还解决了漕船过长江进运河的问题。运河和长江的交汇点，江南为丹徒，江北为瓜洲，而瓜洲水险，漕船不能在这里进运河。因此，由江南来的漕船，就须在瓜洲陆路盘坝。陈瑄根据地势"开泰州白塔河通大江"②。自此，"从常州府西北孟渎河过江，入白塔河至湾头达漕河，以省瓜洲盘坝之费"③。

经过宋礼、陈瑄两人对运河的治理，运河才真正贯通南北，"南极江口，北尽大通桥，运道三千余里"④。这除了可以减轻百姓输送漕粮的艰苦劳役之外，也促进了南北经济的交流，沿河两岸商贾会集，临清等沿河城市更加繁荣起来。⑤

此外，永乐年间，在治理运河的同时，还加固湖堤。明成祖"命通政张琏发民丁十万，浚常州孟渎河，又浚兰陵沟，北至孟渎河闸，六千余丈，南至奔牛镇，千二百余丈。已，复浚镇江京口、新港及甘露三港，以达于江。漕舟自奔牛溯京口，水涸则改从孟渎右趋瓜洲，抵白塔，以为常"⑥。总的看来，永乐年间明朝政府对运河的治理是成功的，通过这些治理，使运河水量得到调节和控制，是中国古代治河史上的一项重要成就。

---

① 《明太宗实录》卷 214。
② 《明史》卷 153，《陈瑄传》。
③ 《行水金鉴》卷 107。
④ 《明史》卷 85，《河渠志三》。
⑤ 参见南炳文、汤纲著：《明史》（上），上海人民出版社 2014 年版，第 133—135 页。
⑥ 《明史》卷 86，《河渠志四》。

七、郑和下西洋

永乐年间，随着社会经济的恢复与发展，明朝迫切需要开辟对外贸易的通道，在这种情况下，为了宣扬国威，发展中外贸易，明成祖派遣郑和远航亚非各国。

郑和本姓马，小字三保，回族，云南昆阳（今云南晋宁）人。洪武时入宫，初在燕王藩邸任职，后随朱棣起兵有功，擢升为太监，赐姓郑。历事永乐、洪熙、宣德三朝。世称"三保太监"，亦称"三宝太监"。明朝时以婆罗洲为中心，婆罗洲以西称"西洋"，以东称"东洋"。"文莱，即婆罗国，东洋尽处，西洋所自起也。"[①] 郑和所到的地区大多在婆罗洲以西，所以世称"三保太监下西洋"。

永乐三年（1405 年）六月，郑和开始首次远航。这次航行共有船只六十二艘，人员二万七千多名，船长四十四丈、宽十八丈。每船可容千余人，是当时海上最大的船只。船上有航海图、罗盘针，具有当时世界最先进的航海设备。其船队从苏州刘家港（今江苏太仓东浏河镇）出发，首先到达占城（今越南南部），遍历爪哇（今印度尼西亚爪哇岛）、暹罗（今泰国）、满剌加（今马来半岛南端马六甲）、苏门答剌（今印度尼西亚苏门答腊）、忽鲁谟斯等地。永乐五年九月返回南京，前后历时两年三个月。此后，从永乐六年到宣德五年（1430 年）郑和又六次率领船队远航。前后七次，历时二十余年，共经历亚非三十多个国家和地区，成为世界航海史上的壮举。

郑和远航的船队，满载瓷器、丝绸、锦绮、纱罗、麝香、铁器和金属货币等，所以又称为"宝船"。郑和所率船队到过的地方主要有：渤泥（今加里曼丹北部）、满剌加、爪哇、三佛齐、苏门答剌、暹罗、占城、真腊（今柬埔寨）、锡兰山（今斯里兰卡）、榜葛拉（今孟加拉国）、古里（今印度西海岸卡利库特）、苏禄（今菲律宾苏禄群岛）、安南（今越南）、彭亨（今马来半岛）、小葛兰（今印度

---

① 张燮：《东西洋考》卷 5，《文莱》。

西海岸）、美洛居（今马鲁古群岛），远至波斯湾的忽鲁谟斯岛、红海岸的阿丹（亚丁）和伊斯兰教圣地天方（麦加），以及非洲东海岸的不剌哇、竹步、麻林等地。郑和远航，比哥伦布、达伽马等的航行早将近一个世纪，舰队规模和船只之大更是远远超过了他们。尤其是郑和第三次、第四次远航中，对赤道非洲木骨都束（非洲东岸，今索马里摩加迪沙）、卜剌哇（今索马里的布腊瓦）、竹步（赤道以南，今索马里的朱巴河口一带）、麻林（赤道以南，今肯尼亚的马林迪）等几个国家的访问，更是航海史上的创举。永乐时期（十五世纪初），外界对赤道非洲是不了解的。那时欧洲人知道和他们邻近的地中海彼岸非洲北部各国的一些情况；阿拉伯人对非洲的认识，也局限在阿拉伯海和红海、地中海沿岸地区。从来没有一只商船到过赤道非洲。

郑和远航，促进了中国同亚非各国的经济文化交流，增进了各国政府间和民间的友谊和往来，很多国家在郑和的远航船队访问后派使臣来中国建立邦交和进行贸易。所以在永乐时期，"西洋"各国使臣和商队来中国的络绎不绝，有的就是在郑和回航时派遣船只前来中国的。如忽鲁谟斯"国王亦将船只载狮子、麒麟、马匹、珠子、宝石等宝物，并金叶表文，差其头目人等跟随钦差西洋回还宝船，赴阙进贡"[1]。当时随郑和船队来中国的有柯枝、南渤利、甘巴里、满剌加、占城、锡兰山、木骨都束、爪哇、不剌哇、阿丹、苏门答剌、麻林、剌撒等国的使臣。永乐二十一年（1423年），忽鲁谟斯等国来中国的使臣达一千二百人左右。是时"诸番使臣充斥于廷"[2]，北京成了亚非各国友好使者会聚的胜地。[3]

---

[1]　马欢：《瀛涯胜览·忽鲁谟斯》。

[2]　《明史》卷326，《古里传》。

[3]　参见南炳文、汤纲著：《明史》（上），上海人民出版社2014年版，第200—203页。

八、陈诚出使西域

永乐年间，除了郑和下西洋沟通中外联系外，还有明成祖派遣使节傅安和陈诚出使西域。洪武到永乐年间，元朝时建立的四大汗国之一的察合台汗国发生分裂，蒙古贵族帖木儿在此基础上建立了帖木儿帝国。帖木儿帝国定都于今乌兹别克斯坦的撒马尔罕。帖木儿帝国最强盛时期曾一度攻占了波斯（今伊朗）、伊拉克、俄罗斯、土耳其的部分地区，在西部对明朝形成强大威胁。为结好帖木儿，洪武二十八年（1395 年），明太祖朱元璋曾派傅安一行出使撒马尔罕，但当时帖木儿已决计入犯中原，当即将傅安一行扣留，并让人带傅安“循历诸国数万里，以夸其国广大”，企图以此收买傅安。傅安虽被困在万里之外的荒原，然如汉武帝时期出使匈奴的使节苏武一样，意志坚强，毫不屈服。他利用这个机会，详细考察了撒马尔罕等地的情况，并向当地民众宣传明朝的政策。直到永乐五年（1407 年）帖木儿死后，其孙哈里执政时，才放傅安回国。傅安出使时为壮年，回国时须眉尽白，同行的一百多人只有十七人生还。傅安为了国家的尊严不辱使命。更加难能可贵的是，由于他了解中亚风土人情并有出使中亚十三年的经验，为了发展与帖木儿帝国的关系，回国后，他又受明成祖之命，于永乐七年不畏艰辛再次出使帖木儿帝国，并顺利完成了使命。自此以后帖木儿帝国每年或隔一年到明朝入贡，双方关系得以顺利发展，傅安历尽二十余年的波折，为发展中国与帖木儿帝国的关系，稳定西疆局势作出了自己应有的贡献。①

永乐时期出使西域、中亚地区最有成就的使节当数陈诚。陈诚（1365—1457 年），字子鲁，号竹山，江西吉水人。洪武三十年，陈诚奉命出使安南，目的是劝说安南统治者交回乘元末之乱时夺取的广西思明府五县土地。但安南统治者黎季犛

---

① 参见齐涛主编，朱亚非著：《中国政治通史》(8)，《精致极权的明朝政治》，泰山出版社 2003 年版，第 108—109 页。

不仅不还土地，反诬广西地方官挑起事端。陈诚据理力争，黎季犛理屈词穷，意想通过行贿重金来收买陈诚，送其黄金、白银及沉檀香，但被陈诚严词拒绝。洪武二十九年（1396 年），明太祖派遣陈诚率使团持节出使撒里畏兀儿（今甘肃、青海、新疆交界一带），安抚西域，稳定了西部局势。永乐年间，明成祖又派遣陈诚四次出使西域，分别是：（1）永乐十一年（1413 年），明成祖朱棣派遣陈诚出使西域哈烈国（都城在今阿富汗西部城市赫拉特）和撒马尔罕国（在今中亚一带），代表朝廷处理与西域诸国的睦邻友好条约和通商互市协定。（2）永乐十四年，明成祖朱棣派陈诚出使帖木儿帝国，受到国王沙哈鲁盛情款待。（3）永乐十六年，明成祖朱棣派陈诚出使撒马尔罕、哈烈，圆满完成了出使任务。（4）永乐二十二年，明成祖朱棣又派陈诚出使西域诸国，行至甘肃时因为明成祖去世、明朝外交政策改变而中断。陈诚出使西域，足迹达到撒马尔罕、哈烈（今阿富汗境内）、达失干（今塔什干）等十七个国家，为发展明朝与中亚各国的关系，打通东西亚经济文化交流的路线作了重要的贡献。更为可贵的是陈诚所到之地，不放过每一个考察其国情的机会，对所历十七国山川、风俗、物产、宗教及社会状况进行了全面而细致的考察，把考察结果写成《西域行程记》和《西域番国志》二书，不仅为明朝政府了解西域各国概况提供了第一手资料，而且也为研究中亚历史地理、社会文化提供了宝贵史料，具有极高的史料价值。

九、巩固多民族国家的统一

明成祖时期，在明太祖朱元璋的基础上，继续扩大统一的局面，巩固多民族国家的统一。在统一与治理边疆的过程中，明成祖注意在政治上推行"威德兼施"和"因俗而治"；经济上实行朝贡和互市；文化上则实行教化政策；等等。虽然看上去，它是历代民族政策的延续，但实际上已注入许多新的内容，是对过去历代传统治边政策的规范、发展、灵活运用。

在东北地区，考虑到民族差异和孤立元朝残余势力的政治需要，明成祖对辽东边外确立了以抚辑为主的政策，建立卫所，招抚海西女直、建州女直、野人女直诸部族，甚至奴儿干，涉海有吉烈迷诸部落，也相率来归，咸归统内。永乐时期建羁縻卫所一百七十三个。永乐七年（1409年），明朝在黑龙江入海口的奴儿干设立奴儿干都指挥使司，管辖边外地区，使东北北达外兴安岭，西至斡难河源，南到日本海，东及库页岛的广大地区，都处于明朝有效统治之下。

在西北地区，明初甘、青之地是蒙古族、藏族、撒里畏兀儿等少数民族的主要聚居区；河西走廊，是中原向西域交往的必经之路；青海东北和甘肃南部，是中原进入西藏腹地的门户。因地位重要，也推行以卫所管地方的军政合一制度，相继于此置兰州卫（治今兰州）、河州卫（治今临夏）、甘肃卫（治今张掖地区）、庄浪卫（治今永登地区）、凉州卫（治今武威）等，均以当地少数民族首领为副职，世袭其职，实行羁縻统治。

在西南地区，贵州东连荆、粤，西接滇、蜀，是通往西南的交通要道。洪武五年（1372年），贵州宣慰及普定府总管也先后附明，皆予以原官世袭，未置郡县。永乐十一年思南、思州相仇杀，明成祖借平乱之机，废土改流。"分其地为八府四州，设贵州布政使司"，"府以下参用土官"，并"置贵州都指挥使，领十八卫"[1]，驻扎要塞。由于贵州地区设省需要，其建置上均是以流官府州管辖土司，重要地方以军事卫所管土司。此后，明朝在南方少数民族地区广泛实行土司制度。

在西藏地区，洪武、永乐年间，明朝对西藏外围设置卫所，西藏腹地仍然采取"政教合一"的因俗而治制度。明初根据西藏政教势力变化的形势，确立了政治上，"多封众建"；经济上，扩大贡市规模和规范发展茶马贸易的策略。这成为有明一代的治藏政策。除此之外，明成祖还通过对西藏不同宗教派别领袖的分封和赏赐等措施，有效地加强了明朝中央政府对西藏地区的管辖和治理。

在南海地区，永乐年间，明朝政府对西沙群岛、南沙群岛的管辖也日益加强。在这些群岛上，明代以前就有中国渔民活动。永乐年间郑和几次下西洋，南海诸岛都是必经之地。至今，西沙群岛有"永乐群岛"，这显然是以明成祖的年号来命名的。

---

① 《明史》卷316，《贵州土司》。

另外，在南沙群岛中，以人物命名的岛屿还有郑和群礁、景弘岛、马欢岛、费信岛等，这些都是以郑和下西洋船队中的重要人物而命名的，王景弘是郑和下西洋船队的副使，地位仅次于郑和，马欢与费信都是郑和身边的随员，这些都是南海诸岛自古以来都是中国领土的有力证明。

总的说来，明成祖时期是明朝历史上一个极其重要的时代，这个时代是积极进取的时代，明朝政府在明太祖朱元璋的基础上继续坚持对边疆民族地区的治理政策的改进和完善，继续加强对多民族国家的统一，并且取得了明显的效果，为此后明朝政府的边疆治理奠定了坚实的基础。

第四章　仁宣之治

永乐二十二年（1424年）七月，明成祖朱棣在北征蒙古返回途中病逝，太子朱高炽即位，是为明仁宗。明仁宗被认为是历史上一位"仁慈宽厚"的皇帝。他一改其父"严猛政治"的作风，推行"仁政"，改革了一些前朝弊端，努力缓和各种矛盾。然而，明仁宗又是一个短命的皇帝，即位九个月就离开了人世。其子朱瞻基即位，是为明宣宗。明宣宗继承了明仁宗的施政方针，继续推行文治，重视民生，又进行了十年的统治。在明仁宗、明宣宗统治的十一年中，对明太祖奠基、明成祖加以开拓的基业采取了守成政策，政局比较稳定，经济持续发展，边疆相对安宁，前朝遗留下来的一些亟待解决的问题也大多得到了解决，明王朝已经达到了鼎盛时期，史称"仁宣之治"。

一、平反冤假错案

明成祖时期，由于采取铁腕治国，也造成了许多冤案。首先，是明成祖在靖难之役取得成功以后，对建文集团予以无情打击，株连了无数官员。建文集团的拥戴者被列为奸党或被杀害，或被关押，或被留放，或被打击迫害，制造了许多触目惊心的惨案。其次，在明成祖执政的二十二年中，皇族内部也存在着激烈的斗争。特别是仁宗之弟野心勃勃的汉王朱高煦，始终想取其兄之位而代之，因而对太子身边的官员极尽诉诌，又导致了拥戴太子的一批官员如解缙、黄淮、杨溥等横遭不测。解缙被冤杀，黄淮、杨溥等被关进牢狱。最后，在朱高炽、朱高煦兄弟的斗争中，明成祖经常支持朱高煦而厌恶太子朱高炽，因此造成朝廷中官员人心惶惶，深恐祸事临头，弥漫着一种非常压抑的政治气氛。因此，明仁宗朱高炽登基后，及时改变了这种局面，释放了被关押的原户部尚书夏元吉及黄淮、杨溥等人，继而又下诏为在靖难之役后被处死的建文帝支持者的亲属平反，家属凡远充军者，均放回，凡被关押、成为奴隶者，赦为平民，并发还其原有土地。此时虽然没有能为齐泰、黄子澄、方孝孺等建文帝亲信平反，但明仁宗也肯定了他们属于忠臣，令他们尚存的后人恢复了自由，总算是给当年受迫害、被打击的人带来了一些安慰。不仅如此，仁宗、宣宗时期，强调慎用刑罚，反对法外用刑，较少出现对大臣滥捕滥杀的现象，形成了一种宽缓、平稳的政治局面，从而获得了支持。[①]

二、任用文官治国

仁宗、宣宗治国提倡施仁政。他们重用科举出身的官员，形成了一个稳定的文

---

① 齐涛主编，朱亚非著：《中国政治通史》（8），《精致极权的明朝政治》，泰山出版社 2003 年版，第 128 页。

官统治集团，开创了大学士执掌六部的先例。仁宗、宣宗在位期间，在永乐朝保储有功的一些文臣，特别是东宫僚属受到重用，加官晋爵。明成祖死后，明仁宗恢复了被明成祖下狱的夏原吉户部尚书的职务，又"晋杨荣太常寺卿，金幼孜户部侍郎兼大学士如故，杨士奇为礼部左侍郎兼华盖殿大学士，黄淮通政使兼武英殿大学士，俱掌内制；杨溥为翰林学士"①。不久，又晋杨荣为工部尚书、杨士奇为兵部兵书、黄淮为户部尚书、金幼孜为礼部尚书。为了进一步提高僚属的地位，明仁宗还恢复建文、永乐朝罢废的公孤官，晋蹇义少傅，杨士奇少保，杨荣太子少傅兼谨身殿大学士，金幼孜太子太保兼武英殿大学士，户部尚书夏原吉太子少傅。明宣宗即位后，又召杨溥进入内阁，旋晋礼部尚书。其中，以杨士奇、杨荣、杨溥三人，与明仁宗、宣宗关系最为密切，时称"三杨"。仁宗、宣宗在重用文臣的同时，武臣的地位却受到贬抑。洪武、永乐时期文武并进，武臣在国家政治生活中拥有较多的发言权。永乐、洪熙交替之际，武官勋臣大多主张以能征善战的朱高煦接替不能骑射的朱高炽为皇储。明仁宗就位后，便不予重用，军国大事的决策，武臣几乎不得过问。他还设置守备太监和镇守太监以分武臣之权，并设文臣参赞军务，以牵制各处总兵官的行动。明代文臣独重的政治格局开始形成，从而避免了武臣跋扈、拥兵自重现象在此后的明朝数代出现。②

三、平定朱高煦叛乱

朱高煦系朱棣的次子，英勇善战，在"靖难之役"中，跟随朱棣征战南北，屡立战功。白沟河之战，高煦率精骑数千，斩南军都督瞿能父子，使得燕军反败为胜。东昌之役，张玉战死，成祖只身走，赖高煦所率援军，击败南军，保护了朱棣。朱棣以高煦类己，许以事成立为皇太子。朱棣做皇帝以后，淇国公丘福、驸马王宁拥

① 《明史》卷8，《仁宗本纪》。
② 陈梧桐、彭勇著：《明史十讲》，上海古籍出版社2007年版，第47页。

护支持高煦，在朱棣面前"时时称高煦功高"①，"数劝立为太子"②。但朱高炽在朱元璋洪武二十八年（1395 年）时就"册为燕世子"。所以，永乐二年（1404 年）议立皇太子时，明成祖朱棣在大臣们的建议下，经过一番犹豫以后，终于立朱高炽为皇太子。封高煦汉王，国云南；高燧（朱棣第三子）赵王，国彰德。高煦大为不满，说："我何罪，斥我万里。"③不肯到云南就藩，跟随明成祖到北京巡边，并力请和其子归南京。于是高煦就和高燧合力倾陷朱高炽。

永乐时，明成祖数次亲率大军出征蒙古，皆留皇太子朱高炽在南京监国。永乐十年，高煦阴结明成祖左右的官员构陷朱高炽，东宫官属多得罪。大理寺丞耿通上章为朱高炽辩白，明成祖以耿通为东宫关说，坏祖法，有离间嫌疑而杀之。明成祖又召杨士奇问太子监国状，"士奇以孝敬对，且曰：'殿下天资高，即有过必知，知必改，存心爱人，决不负陛下托。'"④经过杨士奇的委婉解释，明成祖的怒气才得以平息。永乐十二年闰九月，明成祖北巡还，"以太子遣使迎驾缓"⑤，下东宫官黄淮等于狱。杨士奇又向明成祖解释说："太子孝敬如初，凡所稽迟，皆臣等罪。"⑥这样，在高煦的谗间下，朱棣几次想更立皇太子，赖东宫官属杨士奇等人的保护，朱高炽才保住皇太子的地位。朱高炽虽被立为皇太子，但明成祖对他总是不大满意。朱高炽身体肥胖，不能骑射，并有足疾，行动时需太监扶持着，还常失足。但朱高炽的长子朱瞻基生得却很是英俊，言语行动都很敏捷，得到明成祖的钟爱。在议立皇太子时，"淇国公邱福言汉王有功，宜立。帝密问（解）缙，缙称：'皇长子仁孝，天下归心。'帝不应。缙又顿首曰：'好圣孙。'谓宣宗也。帝颔之。太子遂定"⑦。朱瞻基自永乐九年十一月被立为皇太孙后，"巡幸征讨皆从"。明成祖赞赏他说："此他日太

① 《明史》卷 118，《高煦传》。
② 《明史》卷 145，《丘福传》。
③ 《明史纪事本末》卷 27，《高煦之叛》。
④ 《明史》卷 148，《杨士奇传》。
⑤ 《明史》卷 7，《成祖本纪三》。
⑥ 《明史》卷 148，《杨士奇传》。
⑦ 《明史》卷 147，《解缙传》。

平天子也。"① 正因为明成祖把继承他事业的希望寄托在其孙朱瞻基身上，朱高炽才得以巩固了他皇太子的地位。

永乐十三年（1415 年）五月，明成祖改封朱高煦于青州，朱高煦仍不想离开南京，朱棣责备他说："既受藩封，岂可常居京邸。前以云南远惮行，今封青州，又托故欲留侍，前后殆非实意，兹命更不可辞。"② 但高煦留住南京不走。这时，朱棣又听到了高煦谋夺皇太子地位和其他不法事，问蹇义，推说不知。问杨士奇，杨士奇回答说："臣与义俱侍东宫，外人无敢为臣两人言汉王事者。然汉王两遣就藩，皆不肯行。今知陛下将徙都，辄请留守南京。惟陛下熟察其意。"③ 明成祖遂于永乐十五年三月徙封朱高煦于乐安州（今山东广饶），限令即日成行。朱高煦至乐安，怨望更甚，处心积虑要夺取皇位。④

永乐二十二年七月，明成祖朱棣病死，朱高炽即位，朱高煦日遣人至京师侦察，时刻准备夺取皇位。洪熙元年（1425 年）朱高炽死，宣宗朱瞻基即位，朱高煦乘机起兵叛乱。八月初十，明宣宗朱瞻基亲统大军至乐安平叛，二十一日，朱高煦出城投降。九月，高煦父子皆被执至京师，禁锢于西华门内，到宣德四年（1429 年）皆被处死。因朱高煦的叛乱牵连被杀及充军的达二千多人。朱高煦之乱平定后，赵王朱高燧为形势所迫，上表自动献出护卫军。此后，其他藩王的护卫军也相继裁撤，至此藩王所掌握的军事力量全部交归中央政府，自洪武年间分封以来延续数十年藩王威胁皇权的问题得以彻底解决，明朝的中央集权进一步得到加强。

① 《明史》卷 9，《宣宗本纪》。
② 《明史》卷 118，《高煦传》。
③ 《明史》卷 148，《杨士奇传》。
④ 参见南炳文、汤纲著：《明史》（上），上海人民出版社 2014 年版，第 136—138 页。

四、完善内阁辅政体制

明朝仁宗、宣宗时期，"阁职渐崇"①，内阁制度得到进一步发展，最明显的表现便是阁权已经重于部权。

史载，仁宗而后，诸大学士历晋尚书、保、傅，品位尊崇，地居近密。而纶言批答，裁决机宜，悉由票拟。阁权之重，偶然汉唐宰辅，"迨仁、宣朝，大学士以太子经师恩，累加至三孤（少师、少傅、少保），望益尊。而宣宗内柄无大小，悉下大学士杨士奇等参可否。虽吏部蹇义、户部夏原吉时召见，得预各部事，然希阔不敌士奇等亲。自是内阁权日重，即有一二吏、兵之长，与执持是非，辄以败"②。原来，"殿阁大学士，官仅五品"，"终永乐之世，未尝改秩"③。明成祖朱棣虽然信用阁臣，但因阶秩不高，在处理朝政时，必然要受到一定影响。仁宗、宣宗时期就打破了这一限制，不断提升阁臣的官阶。明仁宗刚即位，即进杨荣太常寺卿，金幼孜户部侍郎，仍兼大学士。杨士奇礼部左侍郎，兼华盖殿大学士，黄淮通政使兼武英殿大学士，俱掌内制。这样，就把阁臣的官阶从正五品提高到正三品。明仁宗时，复设建文、永乐时罢置的公孤官（太师、太傅、太保为三公，正一品，少师、少傅、少保为三孤，从一品）。公孤官是为勋戚文武大臣加官赠官而设的，虽系虚衔但却极尊崇，原来皆以公侯伯尚书兼之，明仁宗也把这一崇高的官衔授予阁臣④。不仅如此，自明仁宗即位以后，对杨士奇等阁臣不断擢升，洪熙元年（1425 年），晋杨士奇兵部尚书，晋黄淮少保兼户部尚书，晋金幼孜礼部尚书。比较后进的杨溥，也于宣德九年（1434 年）"迁礼部尚书，学士值内阁如故"⑤。由此可见，仁宗、宣宗时期，已形成阁

---

① 《明史》卷 72，《职官志一》。
② 《明史》卷 72，《职官志一》。
③ 《廿二史劄记》卷 33，《明内阁首辅之权最重》。
④ 参见南炳文、汤纲著：《明史》（上），上海人民出版社 2014 年版，第 141—142 页。
⑤ 《明史》卷 148，《杨溥传》。

权重于部权的局面。

仁宗、宣宗时期，阁权的上升主要表现在下列方面：

其一，内阁具有人事推荐权与任免权。阁臣可以随时向皇帝推荐合适的人担任各级官员，如杨士奇等人先后推荐了顾佐、薛贮等人担任左、右都御史；举荐了于谦、周忱等人任巡抚；况钟等人任各地知府；罢免了贪污的左都御史刘欢等。

其二，内阁有票拟权。票拟是代表皇帝起草处理问题的意见。票拟权首行于宣德年间，以后成为定制。具体做法是内阁将各地上报皇帝的奏章先进行讨论，然后提出处理意见再报皇帝批准。重大问题由皇帝根据票拟意见用红笔签批，称朱批；一般事情由皇帝交司礼监太监根据内阁意见批准盖印。由于当时皇帝对内阁成员有一种特殊的信任，内阁的票拟基本上为皇帝批准，并作为圣旨颁布全国执行。

其三，内阁有议政权。主要是通过内阁会议，对皇帝交给的一些重大问题，先由内阁成员参与讨论，如果意见一致则报请皇帝加以批准，如果意见不一致或一时难以决定，还往往邀请六部、都察院、大理寺、通政司主要官员及六科给事中、监察御史等共同会商，也称为"廷议"。通过廷议集中大多数人的意见，再上报皇帝请求裁决。

其四，参与一些重大问题的决策。一些重大政务，皇帝在制定政策前，均征求内阁的意见，由皇帝与内阁共同制定，形成决议后再交六部或其他机构批准。

其五，代表皇帝起草诏令。洪熙、宣德年间，皇帝诏令多由内阁起草，这些诏书多是一些大政方针和重要政策。

其六，参与重大案件的审理。洪熙、宣德年间，内阁还有参与三法司对重大案件审理的监督权。如发现有审理不当之处，可随时报告皇帝并建议重审。

其七，内阁成员还有封驳权、随皇帝出征、巡游、经筵讲课和辅导太子的权力。①

　　总的看来，洪熙、宣德年间是明朝内阁制的完善时期，内阁的地位和作用至此基本上固定了下来。

五、起用司礼监代行批红权

　　在扩大内阁权力的同时，为了避免皇权的旁落，明宣宗还起用司礼监宦官代行批红权，《明史》有"内阁之票拟，不得不决于内监之批红，而相权转归之寺人。于是朝廷之纪纲，贤士大夫之进退，悉颠倒于其手"②的所谓记载。明朝建立之初，明太祖朱元璋鉴于汉、唐宦官专权的教训，明确规定宦官只供洒扫侍奉，不许读书识字，不得兼外臣文武衔，并铸铁牌置于宫门之中："内臣不得干预政事，预者斩。"③但到洪武中期，随着君主专制中央集权的强化，文武勋臣遭到诛戮贬斥，明太祖便逐渐起用宦官参与传宣谕旨、市马和出使外国的活动。明成祖朱棣夺位时，宫中的宦官为他提供情报，身边的宦官随他作战，立有战功。即位后，对宦官更是多所委任，不仅设立由司礼监太监执掌的东厂，还派宦官出使、监军、分镇、专征，并参与各种活动。他还选拔一些宦官，派教官培养他们读书识字。到宣德年间，明宣宗朱瞻基正式设立内书堂，选内使年十岁上下者二三百人读书，以便选拔优秀宦官者为其所用。除让宦官继续参与各种政治、军事和经济活动外，明宣宗还命司礼监秉笔太监代替自己对内阁的票拟进行朱批，"凡每日（章）奏文书，自御笔亲批数本外，皆众太监分批，遵照阁中票来字样，用朱笔楷书批之，间有偏旁偶讹者，亦不妨改正"④。宦官是皇帝亲信的家奴，处于皇帝的绝对控制之下，使用宦官代行朱批权，可

---

① 　参见齐涛主编，朱亚非著：《中国政治通史》（8），《精致极权的明朝政治》，泰山出版社 2003 年版，第 137—138 页。

② 　《明史》卷 72，《职官志一》。

③ 　《明史》卷 304，《宦官传》序。

④ 　刘若愚：《酌中志》卷 16，《内府衙门职掌》。

以平衡内阁的权力，保证皇权的有效行使，以维护皇帝的专制权力。[①] 明朝中后期，由于皇帝过分委政于宦官，以致几度出现宦官专权乱政的局面，加剧了明朝政治的腐朽。不过，即使在这种情况下，宦官实际上仍在皇帝的完全控制之下，并未对皇权本身构成威胁。这种情况显示，明代皇权之发达确实远远超越了此前各朝代。

六、地方实行巡抚制度

宣德年间，为了进一步加强中央对地方的控制，明宣宗创立了巡抚制度。

明代省级三主官布政使、按察使和都指挥使，号称"三司"。三司权力虽大，但都是各自负责一个方面的职责，同时又对中央六部负责。但如遇特别重要的事情，三司受各自权限的约束，互不统辖，便很难作出及时处理。如果某些事情涉及两三个省，各省的三司使就更难处理。因此，从永乐年间开始，明政府对地方上一些重大问题，便往往临时派遣六部或都察院高级官员去处理。洪熙时，广西布政使周干受命巡视南直隶和浙江，至宣德元年（1426 年）二月复命时，疏陈有司多不得人，土豪肆虐，良民苦之，乞命廷臣往来巡抚。经吏、户、工三部合议，于宣德元年八月以广西按察使胡概为大理寺卿，同四川参政叶春巡抚南直浙江，至宣德五年始离任还朝，从而开了巡抚久驻一地的先河，这是明朝设立巡抚制度的开始。就在胡概离任的当年九月，明政府又命侍郎赵新、赵伦、吴政、于谦、曹弘、周忱等六人分往江西、浙江、湖广、河南及山西、北直及山东、南直之苏松等地巡抚，这样中央向各省派出巡抚并逐渐固定化和制度化。巡抚的推行在宣德年间起到了很好的作用，因为巡抚大多为尚书、侍郎一级高官，又有皇帝授予的特权，因此处理问题时并不受约束，可以得心应手地在地方处置事宜，如许廓到河南招抚了十万余流民，让他们重新回到田地上务农，并奏请皇帝对流民重新务农者免除税粮和徭役一年，得到了当地百姓很高的评价。胡概在巡抚南直隶期间，处理了当地一些盘剥百姓、侵吞

---

① 陈梧桐、彭勇著：《明史十讲》，上海古籍出版社 2007 年版，第 48 页。

税粮、为非作歹的地主豪强，等等。宣德九年（1434年）九月，明宣宗一次就派出于谦、周忱等六人为巡抚，先后到江西、浙江、湖广、河南、山西、山东、南直隶、苏杭等地"总督税粮"，解决了当地税粮过去曾难以做好的征收与运输问题。巡抚制在宣德年间逐渐形成定制，到明朝后期，在全国三十多个省和地区都设立了巡抚。由于巡抚是代表中央在地方行使职权，因此不像三司仅负责某个方面的职责，而是对军政、民政、财政、司法都有相当实权，因此可以监督和指挥地方三司、监察官纪、安抚百姓，有效地处理和决策地方重大问题，这在一定程度上加强了中央对地方的控制，同时也大大提高了地方的行政效率[1]。

七、致力发展经济

明朝前期社会经济的恢复和发展，是明太祖、明成祖、明仁宗、明宣宗数朝连续实行休养生息政策、并采取一系列相应的措施不断推动的结果。经过明初六十七年的努力，凋敝残破的经济迅速得到恢复和发展，农业生产的成就尤为显著。

洪熙、宣德年间，注意克服洪武、建文、永乐时期的弊端，在经济政策上不断尝试调整与改革，努力维持整个国家经济上的发展和百姓小康的局面。洪熙年间，明政府对发展经济十分重视，在明宣宗的诗里，有多首诗反映农民的生活问题，表达了他对农民疾苦的忧虑，如《减租诗》《捕蝗诗》《悯农诗》《悯旱诗》等。对于因天灾人祸而逃亡的农民，明宣宗下令各地减免赋税，对受灾地区尽力加以赈济。对于农民赋税过重的问题，宣德年间也注意加以解决，并探索出了一些改革的办法，如积极进行田赋改革、实行田赋与徭役合征、限制豪强地主多占田地，等等。手工业方面，明前期的手工业，以纺织业的发展最为突出。明清两代蜚声中外的苏州丝织印染中心，即是在洪武年间开始设立，而发展兴旺于洪熙年间的。洪武、永乐时，

---

① 参见齐涛主编，朱亚非著：《中国政治通史》（8），《精致极权的明朝政治》，泰山出版社2003年版，第138—139页。

丝织技术还仅限于一些城市里，到洪熙、宣德年间，已向四周辐射扩散，在许多村镇普及开来。如吴江县，"绫绸之业，宋元以前，惟郡人为之，至明熙宣间，邑民始渐事机丝，犹往往雇郡人织挽"[1]。明朝官府，在南、北两京分别设置内外织染局，还在一些布政司和府设置织染局，专门生产供官府消费的绸缎。棉纺织业在元代的基础上都有了显著的发展[2]。仁宗、宣宗时期，由于在经济方面实行了一些有利于生产发展的措施，社会生产继洪武、永乐之后，继续迅速发展，"民气渐舒，蒸然有治平之象"[3]，明朝国力居于当时世界的先进水平，史称这段历史为"仁宣之治"。

---

[1] 乾隆《吴江县志》卷38，《风俗一》。

[2] 参见陈梧桐、彭勇著：《明史十讲》，上海古籍出版社2007年版，第52页。

[3] 《明史》卷9，《宣宗本纪》。

第五章　英代乱局

明朝从明英宗正统年间开始，国势开始逐渐走向衰弱。其表现是作为最高统治者的明英宗朱祁镇、明宪宗朱见深等皇帝失去了明初朱元璋、朱棣等帝王那种进取精神，朝政紊乱、宦官专权、藩王叛乱、民间动荡时有发生。不但如此，北方蒙古贵族频繁南下，对北方边境骚扰不断，甚至在"土木堡之变"中连明英宗也做了瓦剌部首领也先的俘虏，只是因为于谦等果断拥立明景帝朱祁钰并坚决保卫北京，才暂时解除了瓦剌入侵对明朝统治所造成的巨大威胁。此后又发生了英宗复辟的"夺门之变"及权臣擅政所导致的"曹石之变"，明王朝政局急转直下。面对内忧外患，最高统治者拿不出行之有效的对策。到明宪宗成化年间，宦官把持朝政，官员豪华奢侈，社会风气迅速腐化，民间逐末求利风气滋长，各种矛盾已呈现出了积重难返的趋势。

一、王振专权和"土木之变"

洪武时期，明太祖朱元璋鉴于汉唐教训，对宦官控制得很严。永乐朝以后，虽然宦官地位有一定提高，甚至有宦官担任监军、出使、镇守等职，并且以司礼监的宦官为首的二十四衙门自成系统，但成祖、仁宗、宣宗对宦官控制仍相对较严，宦官对政治的干预并不明显。自正统年间王振开始，明朝宦官专权之风开始愈演愈烈，明朝政治从此渐呈衰象。

王振，蔚州人（今河北蔚县），年轻时因科举不中、仕途不顺而成为教官，后因犯罪而受到谪戍处罚，后来明廷扩充宦官，王振自宫成为一名宦官。因为王振受过教育，极善察言观色，又有一定的社会经验，入宫不久就得到了辅导皇太子朱祁镇的重要机遇。明英宗朱祁镇即位不久，因为对王振的信任，王振就被升为司礼监秉笔太监，又有了代皇帝批朱参与国事的大权，地位更是显赫。

正统初期，王振虽贵为司礼监秉笔太监，但因为"三杨"（杨荣、杨溥、杨士奇）、胡濙、张辅等元老重臣仍执掌大权，王振还不敢胆大妄为，每次与"三杨"交往仍毕恭毕敬，到内阁付旨，也谨恭有礼。但在背后，他攻击"三杨"年老"倦勤"，想迫"三杨"等元老自动离职。但当时皇太后张氏依赖和信任"三杨"等元老，对王振约束很严。正统二年（1437年），王振违背内阁旨意，私自提拔亲信，结果为张太后得知，要将王振处死。经明英宗苦苦哀求，才免于一死。正统七年，对宦官管束甚严的张太后辞世，杨士奇年老且因其子犯罪而不再出朝理事，内阁"三杨"中只有杨溥一人在朝，王振权力日益增大而更加肆无忌惮，他先拆除了明太祖朱元璋当年在宫中所立的"内臣不得干预政事"碑，实际上将这条祖先传下来的禁令废除，然后利用司礼监太监批红大权，广植死党，先后将他的两个侄子王山、王林升为锦衣卫指挥，控制特务大权，"于是权悉归振矣"[①]。他私下煽

① 《明史纪事本末》卷29，《王振用事》。

动一些言官指责大臣的某些错误和过失，然后让明英宗下令对有些过失的官员上至公、侯、伯、附马、尚书，下至府州官员严加指责，甚至逮捕下狱、关押、流放。他又将东厂和锦衣卫这些特务机构操纵在自己手中，利用它们打击政敌。户部尚书刘中敷、国子监祭酒李时勉因得罪王振而被罚在衙门前戴枷示众。大理寺少卿薛瑄因不愿屈服于王振，被下狱罢官。更有甚者，御史刘球因不满王振专权，给明英宗上《修省十事疏》，建议明英宗亲政爱民，慎刑罚，严孝俭，肃吏治，宽赋税，饬武备，激怒了王振，他下令将刘球逮捕入狱并旋即杀害。由于王振大权独揽、结党营私、卖官鬻爵、排除异己，朝政日益腐败，明朝的国势也因此自然走向了衰败之路。

宣德、正统年间，北方蒙古族瓦剌部兴起。正统十四年（1449年）七月，瓦剌首领也先率军分四路大举南侵。王振一则怕危及老家蔚州的财产；再则想侥幸取胜邀功，进一步巩固提高自己的权势，在粮草不足、未作准备的情况下，不顾朝臣反对，仓促挟持英宗于七月十六率五十万大军出居庸关亲征。结果粮草不济，僵尸满路，加上前军失利，又慌忙班师逃跑，并因等候辎重拒绝入保怀来县的正确意见，屯驻于地高无水的土木堡。后被瓦剌军追上包围，切断水源，饥渴难耐。八月十五，也先乘明军移营就水之机，挥军冲杀，明军死伤大半，全军崩溃，二十余万骡马及无数兵器盔甲辎重尽为也先缴获。王振死于乱军之中，明英宗被瓦剌生俘，这就是明朝历史上著名的"土木之变"。

土木堡之战，瓦剌军队仅两万人，却打败了明军五十万人，明军死伤过半，不仅损兵折将数十万，甚至连明英宗也做了俘虏，这对明朝不能不说是个奇耻大辱。从当时实际情况看，明政府置重兵于北方，只要据险固守，主力伺机而动，对付瓦剌人犯绰绰有余，完全不需要皇帝亲征。瓦剌虽有四路入犯，但无非是在边境攻城略地，抢掠人口和财物，并不具有推翻明朝政权、取而代之的军事能力，其威胁并不比洪武、永乐年间更大。明英宗本人没有明成祖朱棣那样的雄才大略和作战指挥能力，而把几十万大军的指挥权交给一个不懂军事的宦官，其乃视出征如儿戏，结果战败受辱①，王振专权的教训在此暴露无遗。"土木之变"影响深远，成为明王朝由初期进入中期、由开拓进取转入保守退步的转折点。

二、于谦与北京保卫战

土木堡之战后，也先俘获明英宗，把他当作人质，向明廷索取财物。明朝统治者军事失利，不得不拿出黄金、白银、珍珠、丝绸等财物向也先示好，以求得暂时安稳，但也先并不满足。此时与英宗一起被俘的太监喜宁向也先建议，乘明军战败之际，长驱直入防守空虚的北京，迫使明朝南迁，与之共治中原。也先于是在九月底挟明英宗挥师南下，直逼北京，形势一时又骤然紧张起来。

时势造英雄。面对国难当头，兵部侍郎于谦挺身而出，担负起了挽救明朝危机的重任。于谦，字廷益，号节庵，浙江钱塘人，青少年时就有报效国家的志向。他收藏文天祥画像，非常仰慕文天祥在国难当头时那种"殉国忘身，舍生取义"的爱国情结。他撰写赞词，作为鼓励自己的座右铭："呜呼文山，遭宋之季。殉国忘身，舍生取义。气吞寰宇，诚感天地。陵谷变迁，世殊事异。坐卧小阁，困于羁系。正色直辞，久而愈历。难欺者心，可畏者天。宁正而毙，弗苟而全。南向再拜，含笑九泉。孤忠大节，万古攸传。载瞻遗像，清风凛然。"② 当时，明英宗被瓦剌所俘，瓦剌大军紧逼，明王朝眼看着就要重蹈宋室南迁的覆辙，于谦不想让历史悲剧重演，慨然负起力撑危局的重任。从八月十八临危受命，到十月瓦剌军队退出塞外，于谦和主战派官员一起，雷厉风行地刷新内政，整顿军队，识拔文武官员，加强关隘防守，把惊慌混乱的局面改变成为同仇敌忾、共赴危难的抗敌局面，最终击败瓦剌军队，使得明王朝转危为安。

---

① 参见齐涛主编，朱亚非著：《中国政治通史》(8)，《精致极权的明朝政治》，泰山出版社 2003 年版，第 156 页。

② 叶盛：《水东日记》卷 30。

　　早在土木堡失利的消息传到京师，北京的局势就陷入动荡之中。由于皇帝被俘，一批重要官员如英国公张辅、户部尚书王佐、兵部尚书邝埜、大学士曹鼐、侍郎丁铭、王永和等均死于战场，侥幸逃出的重臣只有大理寺卿萧维桢、礼部侍郎杨善等少数人。这样一来，明政府一些重要机构一时而陷于瘫痪状态。再加明军精锐已在土木堡覆灭，京师周围可供调集的武装力量尚不足十万人，防御十分薄弱。面对也先随时可能入犯北京的局面，以翰林院侍讲徐有贞为首的官员主张南迁，兵部侍郎于谦则驳斥徐有贞的南迁观点。于谦以南宋南迁最终导致败亡为教训指出："京师，天下根本，一动则大事去矣，独不见宋南渡事乎！"[①]并大声疾呼谁言南迁，可先斩首示众。于谦的观点得到了刑部尚书胡濙、大学士陈循等人的支持，并说服皇太后也给予支持。于谦因此得罪了徐有贞，为后来南宫之变后被杀埋下了祸根。在决定固守北京以后，于谦等人建议太后立即命英宗之弟郕王朱祁钰监国，几天后即皇帝位，是为明景帝。景帝登基后，立英宗之子朱见深为太子，遥尊英宗为太上皇。任命于谦为兵部尚书，全权负责保卫北京。

　　明朝政府决定不迁都而全力保卫北京，是非常正确的举措，此举避免了中国再度分裂为南北朝的大动荡局面；明景帝及时登基，使瓦剌失去了挟持英宗做人质要挟的筹码，有利于安定人心，及时稳定动荡的政局，同时激励了军民抗击瓦剌侵犯的坚强决心。

　　于谦担任兵部尚书后，及时采取一系列有力措施，积极做好保卫北京的准备。其一，清除王振党羽，平息民愤。王振集团平时为非作歹，又是造成土木堡之败的罪魁祸首，处置王振死党，有利于安定人心，迅速稳定政局。其二，调集两京、河南备操军，山东及江南备倭军，并调负责漕运的军队入北京，又派人到浙江、山西、河南招募军队以做好保卫北京的准备。其三，提拔了一批在将士们中有威望的官员指挥军队。让有军事才干的都督石亨总领京营兵，让有实战经验的原辽东都指挥范广为副总兵，协助石亨指挥京营。其四，鼓舞士气，严明军纪。其五，在宣府、大

① 《明史》卷170，《于谦传》。

同、居庸关、紫荆关等边境要塞重点布防。于谦派兵部郎中罗通守居庸关，兵部给事中孙祥泰守紫荆关，加强了两大关口的军力，将原守居庸关的军队由九千人增加到一万九千人，守紫荆关的军队由七千人增加到一万二千人。于谦这一系列行之有效的措施，奠定了北京保卫战胜利的坚实基础。

正当于谦整顿军队、抓紧战备之时，瓦剌军又开始大举进犯，企图长驱直入夺取北京，用军事力量逼迫明朝政府南迁。正统十四年（1449年）十月初一，也先和脱脱不花率领瓦剌军至大同，见明军已有充分准备，不敢攻，绕过大同南进。初三，瓦剌军前哨精骑二万已抵紫荆关北口，另一路瓦剌军则从古北口进犯。初四瓦剌军三万人过洪州堡进攻居庸关，又转攻白羊口，初八攻破白羊口，初九攻破紫荆关。十一日瓦剌军进抵北京城下，十三日进攻德胜门失败，此后，瓦剌军又进攻西直门与彰义门，同样是遭到了失败。这次也先率瓦剌军深入京畿，原以为明军不堪一击，北京城旦夕可下。但经过五天的战斗，皆被击败，议和"迎驾"的诡计又未得逞，也先感到沮丧，瓦剌军的士气低落。明军自接战以来，屡获胜利，士气旺盛。而攻居庸关的五万瓦剌军，因天大寒，明朝守将罗通"汲水灌城，冰坚不得近"[①]。经过七天的战斗，瓦剌军的进攻都被击退，罗通三次出关追击，斩获无算。也先又听得明朝的援军将集，恐断其归路，遂于十五日夜拔营北遁。到十一月初八，经过连续的战斗，瓦剌军退出塞外，京师解严，北京保卫战取得了彻底的胜利。

三、英宗复辟和曹石之变

北京保卫战的胜利，巩固了明景帝朱祁钰的统治地位。瓦剌进攻北京失败后，表示愿意送回明英宗与明朝讲和，刚即位不久的明景帝当然不愿意其兄回来，害怕抢夺他的皇位，虽然被囚在瓦剌的明英宗曾向来看他的明朝使节李实表示自己愿做

---

① 《明史》卷160，《罗通传》。

平民百姓或看守祖先陵墓，无意与景帝争位，但景帝仍不愿意将他迎回。但吏部尚书王直为首的众大臣均主张接回英宗，明景帝对此十分不满，最后还是在于谦表示"天位已定，宁复有他。顾理当速奉迎耳。万一彼果怀诈，我有辞矣"①的情况下，景帝知道皇位不会变动，才放下心来表示迎回英宗。英宗回京后，景帝担心英宗潜在影响仍然很大，朝廷官员中不乏有支持者。为了防备英宗东山再起，危及自己皇位，就将英宗迁居南宫，并派靖远伯王骥守备南宫，不准大臣私下与其交往，实际上是将英宗软禁起来。

按照传统习惯，太上皇是皇帝父亲的称号，唐高祖李渊、唐明皇李隆基、宋高宗赵构等均被尊为太上皇。当初为了团结人心巩固统治，朱祁钰将英宗尊为太上皇，将英宗之子朱见深封为皇太子。朱祁镇与景帝朱祁钰只是兄弟关系，皇帝的哥哥是太上皇，自己是皇帝，其侄子又是皇太子，这实在是中国历史上绝无仅有的三角关系。但在打退瓦剌、稳定政局后，明景帝就迫不及待地巩固皇位。景泰四年（1453年）初，景帝废掉皇太子、英宗的儿子朱见深，而立自己的儿子朱见洛为皇太子，朱见深改封为沂王，景帝希望将来传位给自己儿子的夙愿终于实现。

然而，人算不如天算。朱见洛加封皇太子不到一年，就因病夭折。景帝无其他子嗣，朝廷两次酝酿立太子之事，并由此引起重大政治风波。先是监察御史钟同与礼部郎中章伦上疏建议重立沂王朱见深为太子，批评景帝待英宗不公，废汪皇后不当等引发景帝大怒，下令将二人逮捕下狱。接着是景泰六年，南京大理寺少卿廖庆、给事中吴江和徐正见又建议重立朱见深为太子，也遭逮捕和拷打，于是他们便转而建议景帝将沂王遣出京师，以绝众人之望，并加高幽禁英宗的城墙，也遭到景帝的贬谪。一时间群臣捉摸不透景帝心理，在立储问题上噤若寒蝉，但因皇权归属问题引发的政局不稳之象已经暴露无遗。

景泰七年十二月，景帝重病，无法上朝议事。最高统治集团围绕皇位展开了激烈的斗争，最终演变成"夺门之变"。

① 《明史纪事本末》卷33，《景帝登极守御》。

景泰八年（1457年）正月十四，群臣照例问候景帝病情，司礼监太监兴安提醒大家赶快商定立太子以防不测。内阁与六部等大臣讨论的结果却不尽相同。内阁中主要官员王直、胡濙、于谦等主张复立沂王朱见深为太子；大学士王文、陈循、萧镃等主张由景帝自己决定继承人，于是众大臣当即联名上奏，希望皇帝"早择元良"，但迷恋权位的景帝仍不愿早立太子，拒绝了大臣们的建议，实际上失去了最后一次挽救政局的机会。十六日，由于朝廷内外有关太子之争传闻不断，内阁与六部、都察院主要官员再次开会，这次大家基本上达成了一致意见，重立朱见深为太子，并推荐兵部侍郎商辂起草上奏，准备第二天景帝上朝时力谏立沂王为太子。

然而，就在大臣们为立皇太子之事意见基本一致时，一场由京师禁军首领石亨、司礼监太监曹吉祥和左都御史徐有贞等预谋的宫廷政变也到了最后关头。十六日夜，张轨调动守夜士兵千余人进京，又紧闭京城九门，砸开幽禁英宗的南城，拥立英宗到奉天殿复位。

英宗重新登基后，清除异己，重用夺门之变功臣。景帝倚重的于谦、王文、陈循、萧镃、商辂、江渊、范广等文武要员或被逮捕或被杀害；任命徐有贞为兵部尚书，进入内阁；晋封石亨为忠国公、曹吉祥为司礼监太监、张轨封为太平侯；又改景泰八年为天顺元年（1457年）；下令废除景帝帝号，仍封他为郕王，将之迁到西内幽禁起来。处于重病之中的景帝经过如此惊吓，"夺门之变"后不到一月就离开了人世。

"夺门之变"后，天顺年间的政局并未因此而得到稳定。石亨、徐有贞、曹吉祥等在失意时可以联手制造事端，一旦权力到手，就开始相互倾轧起来。徐有贞进入内阁又兼吏部尚书，大权独揽，看不起作为武将的石亨和宦官曹吉祥，示意手下揭发曹、石二人强夺民田、冒功滥职等罪。曹吉祥、石亨切实感到"内阁专政，欲除我辈"的威胁，于是二人联合起来对抗徐有贞，结果导致徐有贞在内阁仅一年半就被赶下了台。

曹吉祥与石亨驱走徐有贞后，势力急剧膨胀。曹吉祥的养子曹钦被封为昭武伯，其侄儿曹铉等三人被封为都督，其门徒得官者多至千余人。石亨的侄子石彪也被晋封为侯，其家人进锦衣卫担任职务者五十多人，部下亲属得官者四千余人，"两家蓄材官猛士数万，中外将帅半出其门"。当时各地官员上京办事都先到曹、石门下拜访。各地上奏，也先经曹、石，属己意者才上达英宗知晓。石亨大建私邸，豪华超过公侯，可与皇宫媲美，连英宗看到其庭院后心中都觉得愤愤不平。

曹吉祥、石亨等人的专权，严重地危及了皇权，英宗也有被架空的感觉。为了巩固政权，对抗曹、石的专权，英宗在执政后几年中，起用了一批正直的大臣，如内阁首辅李贤，大学士彭时、陈文，吏部尚书王宋羽，户部尚书年富等都是当时颇有名望的官员。英宗采用李贤的办法，下令曹、石等不经其旨召，不得随意入宫朝见，随即又解除了石亨侄子石彪的兵权。天顺四年（1460 年），英宗以"蓄养无赖，专伺朝廷动静，不轨迹已著"[1] 等罪名将石亨逮捕入狱，杀石彪、石亨，彻底清除了石亨势力。

石亨势力被清除后，曹吉祥、曹钦叔侄惊惧不安，他们知道皇帝和朝臣对自己专权不满，"亨败，己且不得独完"[2]，皇帝早晚要向自己下手，不如先下手为强。于是曹钦与曹吉祥密谋于天顺四年（1460 年）七月二日黎明前发动政变，由曹吉祥率领一部分禁兵在宫内策应，曹钦率军自外入宫逼迫英宗退位。不料事泄，曹钦自尽、曹吉祥被处死，一场由宦官曹吉祥发动的政变最终失败。历史上将这次政变称为"曹石之变"。

从正统到天顺时期，在政治上是一个动荡年代。这一时期先后发生了"土木堡之变""夺门之变"和"曹石之变"，对整个社会经济影响并不是很大，但对统治集团内部的稳定却产生了很大的影响，统治集团的权力纷争使明朝洪武、永乐、洪熙、宣德数代积累起来的强大国势一去不复返。[3]

---

① 《明史》卷 173，《石亨传》。

② 《明史纪事本末》卷 36，《曹石之变》。

③ 参见齐涛主编，朱亚非著：《中国政治通史》（8），《精致极权的明朝政治》，泰山出版社 2003 年版，第 162—170 页。

四、成化时期宦官权势的增长

天顺八年（1464 年）正月，明英宗病死，太子朱见深即位，以翌年为成化元年（1465 年），是为明宪宗。明宪宗在位二十三年，其间宦官权势日益膨胀，这既加深了政治的腐败，也加剧了统治集团内部的矛盾。

成化年间（1465—1487 年）宦官权势的增长，与成化以前宦官权势的逐步增长有着重要的关系。

朱元璋建立明朝后，总结历代兴亡的经验教训，认识到汉、唐之亡，宦官专权祸国是其中的一个重要的原因。为预防重蹈历史的覆辙，他规定宦者只供洒扫侍奉，"不许读书识字"，"不得兼外臣文武衔"，"敕诸司不得与文移往来"，"镌铁牌置宫门曰：'内臣不得干预政事，预者斩。'"[①] 对宦官的防范措施不可谓不严，但正是因为他推行的极端君主专制制度，导致明中叶以后出现了宦官专权的恶果。朱元璋废除中书省和丞相制，规定"以后嗣君并不许立丞相，臣下敢有奏请设立者，文武群臣即时劾奏，处以重刑"[②]。但是，既废除丞相，又不许宦官干政，这种情况很难持久，最后在国事上皇帝还是要依赖宦官。

永乐时，因为宦官在靖难之役中所起的重要作用，明成祖对宦官很是信用，宦官的权势渐渐地扩张起来。"盖明世宦官出使、专征、监军、分镇、刺臣民隐事诸大权，皆自永乐间始。"[③]

宣德元年（1426 年），正式开设内书堂，"选内使年十岁上下者二三百人读书其中"[④]。宣德以前，宦官虽然参与了朝政，但还没有达到专权的程度。到明英宗正统年间，宦官王振专权。从此，宦官的权势便逐渐膨胀起来。成化以前，宦官的权力主

---

① 《明史》卷 304，《宦官传·序》。

② 《明太祖实录》卷 239。

③ 《明史》卷 304，《宦官传·序》。

④ 《明通鉴》卷 19。

要表现在以下几个方面：（1）利用司礼监干预朝政；（2）操纵官员的任免；（3）提督京营和监军统兵；（4）操纵厂卫；（5）担任镇守和守备等职务；等等。成化时期，宦官继承了上面的权势并进而有所扩张，其主要表现便是西厂特务机构的设立。

成化年间宦官专权以汪直为代表。汪直是广西大藤峡瑶族人，最初以幼童入宫为宦官。由于聪明伶俐，汪直在宫中晋升很快，成化中期已担任御马监太监。明宪宗经常派他乔装打扮到社会上去刺探情报，汪直也着实查到了一些官员的隐私，很为宪宗所赏识。为了加大汪直的权力，成化十三年（1477年），明宪宗诏令建立西厂，由汪直统领，西厂于是成为和东厂并行的特务机构。汪直掌握西厂后，在势力上大大超过东厂和锦衣卫，其逮捕朝臣，有先下狱而后奏闻者，有旋执旋释，竟不奏闻者。"下至民间斗詈鸡狗琐事，辄置重法。""以捕妖言图官赏"，其旗校"多为赝书诱愚民而后捕之，冤死相属，廷臣莫敢言"①。西厂成立后屡兴大狱，西厂凡捕到人犯均加以酷刑，迫使被捕者招供，再根据其口供不论青红皂白地牵连一大片，形成了一种冤死相属、无敢言者的恐怖局面，如刑部郎中武清、礼部郎中乐章、浙江布政使刘福、监察御史黄本、掌太医院事左通政方贤、太医院院判蒋宗武等一批官员均无故遭到汪直逮捕并被西厂刑讯。汪直利用西厂罗织人罪，数起大狱，致使政治氛围一度极为紧张。

成化年间有名的宦官除了上述汪直外，还有梁芳、钱能、韦兴、陈喜、王敬等人。可以说，成化时期宦官权势既大，有名者又多，与明宪宗耽于逸乐、不问政事有着很大的关系。成化二十一年（1485年）正月，吏科给事中李俊等在一个奏疏里论述宪宗时期的"近幸干纪"说："夫内侍之设，国初皆有定制，今或一监而丛十余人，一事而参六七辈，分布藩郡，总领边疆，援引憸邪，投献奇巧。司钱谷则法外取财，贡方物则多方责贿，兵民坐困，官吏蒙殃。"②这段话，可谓点明了成化时期宦官权势发展所造成的恶果。成化时期宦官专权，加剧了官僚集团与宦官集团之间的矛盾，导致明朝政治进一步走向腐朽。

---

① 《明通鉴》卷33。
② 《明通鉴》卷35。

第六章　弘治中兴

成化二十三年（1487年）八月，明宪宗去世，九月，十八岁的皇太子朱祐樘即位，以翌年为弘治元年（1488年），是为明孝宗。明孝宗在位十八年，在政治上积极改弦更张，斥逐奸邪，任用贤能，广开言路，整顿吏治，重视民生。在他统治时期，"朝序清宁，民物康阜"，既无权臣、宦官和后宫的专权，也很少弊政，因此史家对其多有褒誉之语，将他与历史上的汉文帝、宋仁宗相提并论，认为在明朝皇帝中，除明太祖、明成祖而外，可称者只有仁宗、宣宗和孝宗。这些看法，在一定程度上反映了明孝宗时期施政的基本状况。

一、革除弊政

明宪宗朱见深统治时期，最高统治者已丧失了前辈们的奋斗精神。明宪宗信任宦官、佞幸，"朝多秕政"①。其时，宦官势力日增，僧道侍于左右，朝政为万贵妃、宦官汪直、梁芳等人所把持。尤其是还有大批因佞幸请求任命的官员，这些官员直接由宦官传旨任命，而不由吏部按程序任命，称为"传奉官"。由于"一传旨姓名至百十人"，从而造成了"文武、僧道滥恩泽者数千"②的滥政状况，这成为成化年间最为明显的弊政。此外，宗室、勋戚侵占田地、胡作非为，也是明中期的一大弊端。

成化二十三年（1487 年）八月，明宪宗去世。九月，皇太子朱祐樘即位，以翌年为弘治元年（1488 年），是为明孝宗。按照惯例，新掌权的统治者为了笼络人心，总要做些兴利除弊的表示，新皇帝在即位诏中一般都会对前朝的弊政宣布加以革除。但由万安、刘吉等人起草的孝宗的即位诏里却没有这方面的内容，这引起了众朝臣的极大不满。不过，明孝宗并未按照即位诏书内容行事，即位当月，他就将佞幸"侍郎李孜省、太监梁芳、外戚万喜及其党，谪戍有差"③，"逮孜省、常恩、玉芝等下诏狱，坐交结近侍律斩，妻子流二千里。诏免死，仍戍边。孜省不胜搒掠，瘐死"④。十月，明孝宗又"汰传奉官，罢右通政任杰、侍郎蒯钢等千余人，论罪戍斥"⑤。在明孝宗统治时期，还将宪宗时受宠信的僧人继晓"逮治弃市"，并将番僧、道士等予以处理，"诏法王、佛子递降国师、禅师、都纲，余悉落职为僧，遣还本土，追夺诰敕、印章、仪仗诸法物。真人降左正一，高士降左演法，亦追夺印章及诸玉器"⑥，此次受

---

① 《明史》卷 168，《万安传》。
② 《明史》卷 307，《李孜省传》。
③ 《明史》卷 15，《孝宗本纪》。
④ 《明史》卷 307，《李孜省传》。
⑤ 《明史》卷 15，《孝宗本纪》。
⑥ 《明史》卷 307，《继晓传》。

到处理的僧道近一千五百人。大学士万安因在即位诏中不许言官风闻言事，朝臣指责他"抑塞言路，归过于君"①，万安不安其位，乞休还家。勋戚豪强等势家侵占官田、为非作歹，也是成化年间所遗留下来的一个严重的社会问题。弘治年间，以明孝宗为首的统治集团，对这一问题相当重视，竭力抑制勋戚豪强胡作非为、侵害百姓的违法行为。弘治三年（1490年）闰九月，明孝宗曾申明禁令，"禁宗室、勋戚奏请田土及受人投献"②。当时，宗室、勋戚不肯遵守有关规定，"纵家人列肆通衢，邀截商货，都城内外，所在有之"。按照规定，"王公，仆从二十人；一品，不过十二人"。而这时"勋戚多者以百数，大乖旧制"。面对这种情况，明孝宗屡次诏令"禁势家侵夺民利"③，坚决推行抑制豪强势家的政策。经过大力整顿，佞幸之臣基本上放斥殆尽；抑制豪强势家的政策，也取得了一定的成效。这为下一步刷新政治，致力治国理政，起到了扫清障碍的作用。

二、任用贤能

明孝宗推行新政，主要的依靠还是他所任用的贤能之臣。任用贤能是弘治朝所以能够迅速振兴的一大政治法宝，这个方针，明孝宗在位期间始终坚持奉行。《明史纪事本末》将此总结为"置亮弼之辅，召敢言之臣，求方正之士，绝嬖幸之门"④。为了保证任用贤能这一方针的执行，明孝宗很注意对各级官吏的考察。为了熟悉官吏的情况，弘治元年三月，他让吏、兵两部把两京文武大臣、在外知府守备以上官姓名抄下来，贴在文华殿的墙壁上，"有迁罢者，易以新除"⑤。为了使官吏的考察符合

---

① 《明史》卷168，《万安传》。
② 《明史》卷15，《孝宗本纪》。
③ 《明通鉴》卷38。
④ 《明史纪事本末》卷42。
⑤ 《明通鉴》卷36。

实际情况，明孝宗多次指示吏部、都察院，"考察进退人才，务得实迹以闻"①。由于明孝宗注意任用贤能之策，弘治时期涌现出了许多名臣，其尤著者有王恕、马文升、刘大夏、刘健、谢迁、李东阳等人。这些人多是通过科举取士而入仕的官员，正直、持重而富有长期从政的经验。他们为官清廉、富有理想、敢于作为，对促成弘治中兴起到了重要作用。

三、广开言路

明孝宗之所以能在短时期内振兴政治、有所作为，重要原因之一即是他能听从朝臣的意见。弘治二年（1489 年），明孝宗专门下诏"求直言"②，明宪宗时期的诸多弊政如设传奉官、崇奉僧道、放纵宗室豪族等就是明孝宗采纳朝臣的建议而革除的。

明孝宗即位后，很注意广开言路。他即位伊始，就迅速促成了官员纷纷上书言政的生动活泼局面。史载，"是时上更新庶政，封章旁午，言路大开"③。不仅大臣上表言事，连尚未做官的太学生也踊跃上疏纷纷提出自己的治国建议。明孝宗开言路在历史上是有名的，如他即位后几个月，将在万岁山建棕棚，以备登临眺望，太学生虎臣得知消息，当即"上疏切谏"。祭酒费訚担心自己受到牵连，"银铛系（虎）臣堂树下"。但过了不久，就有官校传令，把虎臣召到皇宫的左顺门，"传旨慰谕曰：'若言是，棕棚已毁矣。'"费訚听到消息，十分惭愧，而虎臣则从此名闻都城，"顷之，命授七品官，为云南知县"④。虎臣受奖励之事说明，明孝宗对敢言直谏是极力提倡的，而这种虚心纳谏的实际行动，鼓励了当时朝野人士敢言直谏。弘治九年（1496年）闰三月，少詹事王华在文华殿进讲《大学衍义》，"至唐（宦官）李辅国与张后表里用事，指陈甚切"，"时内侍李广方贵幸，招权纳贿。华讽上"。明孝宗听后不仅

① 《明通鉴》卷 38。
② 《明史》卷 15，《孝宗本纪》。
③ 《明通鉴》卷 36。
④ 《明通鉴》卷 35。

不加罪王华，反而"乐闻之，命中官赐食"①。弘治十年（1497年）二月，明孝宗在后苑游玩之后，"御讲筵"，侍讲学士王鏊因而"讲'文王不敢盘于游畋'，反复规切，帝为动容"。明孝宗事后对王鏊也不怪罪，而是自此之后不再游猎。明孝宗除了用虚心纳谏的实际行动劝导臣下踊跃进言之外，还经常直接、正面地提到这件事情，鼓励臣下知无不言，言无不尽。弘治十七年九月，在经筵进讲中，讲官的讲章中有"以善道启沃他"一句，太监李荣认为"'他'字不是对上语"，触犯了忌讳，向明孝宗告状。明孝宗听后，根本不把此事当成什么罪过，并且为了避免讲官因此而不肯大胆规谏，特地招来大学士刘健等人说："讲书须推明圣贤之旨，直言无讳。若恐伤时，过为隐覆不尽，虽日进讲，亦何益乎！"而且明确要求他们："传语诸讲官，不必顾忌。"② 正因为有明孝宗如此鼓励臣下直言无讳，从而才会有弘治朝广开言路、臣民能够大胆献策献计风气的养成。广开言路政策的实行，使明孝宗能够集思广益，及时发现失政之处，找出正确解决问题的方案，这无疑为其改良政治的成功创造了条件。③

四、整顿吏治

明孝宗对整顿吏治十分重视。弘治元年三月，他"疏文武大臣及中外四品以上官姓名，揭文华殿壁"，以掌握官员行政情况。明孝宗整顿官场秩序的首要举措便是禁止朝臣"请托公事"④。为此他下旨说："朝廷政事，祖宗俱有成宪，今后五府、六部、都察院、通政司、大理寺等衙门，务须遵守，毋得相互嘱托，有亏公道。如内外官敢有写帖子嘱托者，内官连人送东厂，外官送锦衣卫，奏来处治。"明确要求官员依法办事，杜绝徇私舞弊。除此之外，明孝宗还改变了过去的一些不合理的行政

---

① 《明通鉴》卷38。
② 《明通鉴》卷40。
③ 参见南炳文、汤纲著：《明史》（上），上海人民出版社2014年版，第274—275页。
④ 《明史》卷15，《孝宗本纪》。

做法。针对当时各衙门的正官和副手如果彼此不和，互相攻击，吏部、督察院往往不分曲直、将其全部免职的状况，明孝宗听从都察院的建议，令"自今佐贰首领官有贪暴殃民、倚强恃老欺压正官者，许正官具奏斥退；正官有赃滥不法者，许佐贰官申禀举行，各坐正犯罪名。若彼此皆因忿致争者，方以同僚不和论断"①。这种分清责任的做法，对维护官场的秩序无疑起到了一定的作用。②

明孝宗整顿吏治的最重要措施是加强对官员任免的考核。弘治以前，京官的考核是十年进行一次，弘治时始定六年一考察之例③。六年一考察的做法一直沿袭至明末。对外官的考核制度也有改变。府县官的考核每三年举行一次，其内容有多项，而主要是看其是否能完成赋税的征收定额。为了整顿荒政，明孝宗增加了以积谷多少为优劣的考核内容，"弘治三年限州县十里以下积万五千石，二十里积二万石，卫千户所万五千石，百户所三百石。考满之日，稽其多寡以为殿最。不及三分者夺俸，六分以上降调"④。这些制度上的改变，对监督官员尽职尽责起到了明显的效果。

五、安顿民生

弘治时期，明孝宗虽然没有从制度上对赋役进行大幅度的改革，但在减轻民众负担上却进行了一系列的调整，这主要表现在减免灾区的赋税征收等方面，有时甚至还拿出宫中的财物，对灾民进行救济。这类记载史书中极多，其中规模较大的有如下几次：弘治三年（1490年）二月十日，"免河南被灾秋粮"。同月十二日，户部请免南畿、湖广税粮，明孝宗说："凶岁义当损上益下。必欲取盈，如病民何！"⑤于是全部批准。弘治四年八月，"以水灾，停苏州、浙江今年织造"。弘治

①　余继登：《典故纪闻》卷 16。
②　参见张显清、林金树著：《明代政治史》（下），广西师范大学出版社 2003 年版，第 841—842 页。
③　《明史》卷 71，《选举志三》。
④　《明史》卷 79，《食货志三》。
⑤　《明史》卷 15，《孝宗本纪》。

六年（1493 年），全年中"以灾蠲者，两京外，蠲山西太原诸府平阳诸县夏税，河南开封诸府夏税之半，祥符诸县秋粮。又免沈阳卫屯粮六万四千余石。赈则自苏松外，山东饥甚，巡抚王霁先后请发帑金五十余万，米二百余万石，选廉能吏验口给之，凡活饥民二百六十余万"①。弘治十一年（1498 年），免南畿、山西、陕西、广东、广西被灾税粮。弘治十四年，对两畿、江西、山东、河南等灾区既免税粮，又搞赈济。弘治十六年九月，赈济两畿、浙江、山东、河南、湖广等地的受灾军民。上列事例，虽非全面统计，但从中已可看出，弘治时期的减免赋税和赈济灾民次数相当之多，涉及的地区相当之广，充分说明了明孝宗对民生问题的重视。②

六、修《明会典》

《明会典》是记述明朝典章制度的专书。明孝宗弘治十年三月，命大学士徐溥等人纂修会典，弘治十五年修成。此后，《明会典》在明朝又修过多次。明武宗正德四年（1509 年）由李东阳重核刊行，共一百八十卷。嘉靖时，明世宗命改修，嘉靖二十八年（1549 年）完成，但修成进呈后未曾刊行。万历四年（1576 年），明神宗又命申时行等重修，至万历十五年修成刊行，即目前通行的二百二十八卷本。

《明会典》的体例是首列宗人府，其下依吏、户、礼、兵、刑、工六部与都察院、六科以及各寺、府、监、司等为序，叙述其职掌及历年事例。其中文职衙门二百二十六卷、武职衙门两卷。各个部门都记载有具体的统计数字，如田土、户口、驻军、粮饷等，比《明史》各志要详细得多，是研究明代典章制度的官方原始材料。③应当说，《明会典》的编定，为弘治朝的制度建设奠定了基础。正是在这个基础上，

---

① 《明通鉴》卷 37。
② 参见南炳文、汤纲著：《明史》（上），上海人民出版社 2014 年版，第 278—279 页。
③ 参见南炳文、汤纲著：《明史》（下），上海人民出版社 2014 年版，第 1346 页。

明朝制度的建设进入了一个更规范的阶段。

总的说来，弘治中兴的出现，与孝宗的勤政有着重要的关系。明孝宗要求凡他处理过的事情必须将结果上报，"凡天下奏事有旨令看详以闻者，覆奏无过二日，看详以闻者，无过三日。事干他司，须行查者，无过十日"。早朝之外，他还恢复了午朝，在白天接见朝臣，处理政务。弘治十一年（1498年）冬，清宁宫火灾，次日晨，明孝宗派人对阁臣说："昨夜清宁宫失火，朕奉侍圣祖母，彻旦不寐，今尚不敢离左右。欲暂免朝参，可乎？"阁臣说："宫闱大变，太皇太后圣心震惊，皇上问安视膳，诚孝方切，事在从宜，即免朝一日可也。"① 于是才传命当日免朝。

由于明孝宗的勤政和尽心的治理，明朝政治一度迎来了一个弘治中兴的局面。在明孝宗统治时期，政治清明，经济发达，文化繁荣，社会安定，而明孝宗也因此而被后世推为明朝少数的几个可称道的君主之一，"明有天下，传世十六，太祖、成祖而外，可称者仁宗、宣宗、孝宗而已"②。

① 余继登：《典故纪闻》卷16。
② 《明史》卷15，《孝宗本纪》。

第七章　正德败政

弘治时期的"中兴"气象在明孝宗死后很快就烟消云散，随之而来的便是明武宗朱厚照的腐朽统治。明武宗其人风格，正如其父明孝宗所说的"好逸乐"；另外还好勇逞强。正德九年（1514年），编修王思在上疏中批评他"嗜酒而荒其志，好勇而轻其身"。"好逸乐"，便不爱问政事，致使大权落在宦官手中，从而导致了刘瑾的专权；好勇逞强，便欣赏富于勇力的流氓式人物江彬，在其怂恿下，明武宗到处巡游、征讨。如此等等，必然造成政治的极端腐败。明武宗就是这样一位以腐朽出名的荒唐皇帝，在他统治时期，明王朝统治开始由盛转衰。

一、武宗腐败

弘治十八年（1505 年）五月六日，明孝宗进入弥留之际，他招来内阁大学士刘健、李东阳、谢迁，将十五岁的太子朱厚照托付给他们，说："东宫年幼，好逸乐，卿等当教之读书，辅导成德。"[①] 七日，孝宗去世，十八日，朱厚照即皇帝位，以翌年为正德元年（1506 年），是为明武宗。明朝历史从此开始了明武宗的长达十六年正德时期的腐败统治。

明武宗初政，只有十五岁，即位之初，就充分暴露了这位小皇帝爱玩的天性。踢球、骑射、行猎、游幸，无所不为。一方面，他整日里在身边太监的陪同下或者在南海子狩猎；或者是荡舟郊游；或者到内府各衙门中去参观；或者在宫中召集乐工舞伎、大搞娱乐活动；甚至要与虎豹搏斗，以表现其好武的本色。更有甚者，他好私下微服出宫，在繁闹的街市玩耍，等等。这些都严重违反了一个皇帝必须要遵循的祖制。另一方面，他对于一个皇帝所必须遵循的听大臣讲课、与大臣讨论国事、接受儒家经典"四书五经"的教育则是漠然置之，经筵、日讲等常课基本上停顿下来。刘健、谢迁、李东阳等顾命大臣因受孝宗之托，对武宗这种放任自纵不能放手不管。刘健写了一篇措辞比较激烈的上疏，警告武宗有五点违背祖训，就是单骑驰骋、轻出宫禁；频频到内府各监巡幸、参观工匠作场作业；到南海子泛舟游戏、不计安危；经常外出行猎，将鹰犬弹射之物不离左右；内侍所进各种食物，不经检查擅自食用。希望武宗远离声色犬马的诱惑，远离身边的宦官，以国事为重，但明武宗皆听而不闻，嬉游如故，照常纵欲恣乐。

概括起来，明武宗的腐败主要表现在以下方面：

其一，大兴土木。很难想象，明武宗一点也不留恋象征权力和地位的金碧辉煌的紫禁城，而喜欢自己营建的两个小天地——豹房和在宣府的镇国府。对前者，他

---

① 《明通鉴》卷 40。

从正德二年（1507年）入住一直到正德十五年驾崩，都住在那里；而对后者，他则亲切地称为"家里"。正德七年十月，工部报告："豹房之造，迄今五年，所费白金二十四万余两。今又增修房屋二百余间，国乏民贫，何以为继！乞即停止，或量减其半。"明武宗的回答却是"不听"[①] 两个字。举行郊祀典礼本有斋宫可用，而明武宗却别出心裁，传旨让镇守陕西太监廖堂等另造帐篷式的斋宫，正德九年九月制造完毕，共一百六十二间，重门、堂庑、庖湢、户牖之属，无不悉具。这项制造所费银两数字很大，仅廖堂扣下来准备贿赂权幸者的就有数万金。正德九年正月，乾清宫等宫殿失火，十月为修复乾清宫和坤宁宫，派官员远至四川、湖广、贵州、江西、浙江、徽州等处采买材料。同年为此而向全国加赋一百万两，"自是催科旁午，海内骚然"[②]。正德十年，不顾"乾清、坤宁"二宫之修建已造成"役重费繁"的情况，明武宗根据太监的提议，又修太素殿、天鹅房、船坞等，御马监、钟鼓司、火药库等也皆新修。这些工程都修建得十分讲究，如太素殿"比旧尤华侈，凡用银二十余万两，役军匠三千余人，岁支工米万有三千余石，盐三万四千余引"。除了工程本身费用浩繁之外，经手人还"因缘为利，权奸、奄人所建庄园，祠墓及香火寺观，皆取给于此"，时人因此而有"木妖土灾"[③]之说。

其二，宠溺女色。明武宗在豹房和宣府的镇国府充斥美女供他享乐。延绥总兵官马昂，因奸贪骄横被罢官。有妹善歌能骑射，嫁指挥毕春。马昂将之夺归，进献给明武宗。明武宗把她召到豹房，极为宠爱，遂升马昂做右都督。马昂之弟马炅、马录也因此"并赐蟒衣，大珰皆呼之为舅。赐第太平仓东，熏灼动京师"[④]。

其三，好观猎。明武宗好勇轻身，喜欢打猎、观猎，经常到南海子狩猎，甚至在正德九年九月因为"观搏虎"而"狎虎被伤"[⑤]，以致一个多月不能上朝问政。

---

① 《明通鉴》卷44。

② 《明通鉴》卷45。

③ 《明通鉴》卷46。

④ 《明通鉴》卷46。

⑤ 《明通鉴》卷45。

其四，巡游无度。明武宗出游瘾头很大。为讨好明武宗，幸臣江彬等经常"导帝微行"①。正德九年二月，"上始微行，夜至教坊观乐"②。正德十年六月，明武宗自西安门出外，经宿始回，内阁大学士等"不知临幸何所"③。正德十二年三月，"上微行，骑出北安门，军士从者才数人，至顺天府大街而还"。正德十二年五月，明武宗"微行至石经山、汤峪山、玉泉亭"④，数日始还。正德十二年九月，明武宗出游到宣府。在这里，江彬为他营建了镇国府邸，"复辇豹房所储诸珍宝，及巡游所收妇女实其中"。明武宗甚乐，每称曰"家里"，"遂忘归"。此后，正德十三年三月出游昌平、密云、宣府；七月至次年二月，出游宣府、大同、榆林、太原等地。正德十四年三月又欲南巡，因为众大臣反复劝谏才作罢。⑤

正德十五年，明武宗在南巡途中于清江浦（今江苏清江市）垂钓，不慎落水受寒，身体每况愈下。次年三月病死于豹房，终年三十一岁，葬于昌平金岭山东北的"康陵"。明武宗一生，贪玩、好色、尚勇、出游，劳民伤财，所行之事多荒谬不经，为世人所诟病。

二、刘瑾专权

正德年间，对明武宗政治影响最大的当属以刘瑾为首的八位太监的专权。除刘瑾以外，另七人是马永成、高凤、罗祥、魏彬、邱聚、谷大用、张永，八人号称"八虎"。这八人原在朱厚照当太子时，就在他身边。明武宗自小嬉戏无度，与这八人的怂恿和熏陶有着一定的关系。尤其是刘瑾，武宗即位后，任命他为钟鼓司掌印太监，虽没有司礼监太监那么大的权力，但掌管皇室的娱乐活动，方便于他侍候和讨明武

① 《明史》卷307，《江彬传》。
② 《明通鉴》卷45。
③ 《明通鉴》卷46。
④ 《明通鉴》卷47。
⑤ 参见南炳文、汤纲著：《明史》（上），上海人民出版社2014年版，第297页。

宗的欢心。刘瑾"尝慕王振之为人，日进鹰犬、歌舞、角抵之戏，导帝微行。帝大欢乐之，渐信用瑾，进内官监，总督团营"①。

明武宗前期，"八虎"与明武宗朝夕相处，不断挑拨皇帝与朝臣的关系，逐渐夺取朝政大权。朝臣与宦官的权力斗争，自正德元年（1506年）六月即已开始。其时，工科给事中陶谐上疏武宗，谏言明武宗近朝臣，远宦官，疏中直接点了"八虎"中邱聚、魏彬、马永成三人的名字，指责他们引导武宗游猎荒政，从此拉开了朝臣与宦官斗争的序幕。

正德元年九月，朝臣与宦官斗争进一步升级。起因是被明武宗派往江南督造龙衣的太监崔杲以筹措经费为名向皇帝奏讨长芦盐场往年剩盐一万两千斤。户部尚书韩文按照祖制，认为盐政收入只能用于边防军饷的开支，内府为皇帝采买不能用盐政收入开支，因而不同意拨款给崔杲。但是在"八虎"等宦官支持下，明武宗坚持要户部拨款，于是阁臣、六部联合六科给事中和十三道御史，上疏力争。刘健、谢迁、李东阳等内阁大学士表示内阁不能为皇帝起草特准盐引的敕书，甚至以辞职来抗议。武宗不得已做出让步，只给所求盐引的百分之五十，这场斗争双方实际上打了个平手。十月，刘健等三名大学士与户部尚书韩文、兵部尚书许进、刑部尚书张敷华、工部尚书杨守随及吏部侍郎王鏊等人经过密谋，决定联合一部分御史、给事中联名上书，要求惩办"八虎"、清除宦官集团，这次密谋也得到了不满"八虎"所作所为的另外一些宦官如司礼太监王岳等人的支持，因此更加坚定了朝臣的信心。户部郎中李梦阳起草一份言辞强硬、要求清除"八虎"的奏疏，建议明武宗将他们逮捕治罪，武宗无奈，同意了下达逮捕"八虎"的诏书。当夜，吏部尚书焦芳将朝臣铲除"八虎"密谋泄露给刘瑾等人。刘瑾等迅速做出反应，以朝臣想限制皇帝的权力为由反过来说服武宗当即下令逮捕与朝臣意见一致的太监王岳、范亨、徐智三人，并任命刘瑾掌司礼监兼提督团营，邱聚提督东厂，谷大用提督西厂，张永主管京营事务。这样，"八虎"一夜之间掌握了特务机构和皇宫警卫大权。第二天早朝，刘健等三位

---

① 《明史》卷304，《刘瑾传》。

内阁大学士见事不可为，当即决定辞职，武宗批准让刘健、谢迁辞职，独留李东阳一人。正德元年（1506 年）十月这场不流血政变，以朝臣官僚集团失败和宦官势力的胜利而告终。自此以后的四五年中，以刘瑾为代表的宦官势力完全控制了政权。这也是明朝历史上自英宗朝王振、宪宗朝汪直以后又一次宦官势力的膨胀。

刘瑾掌握了司礼监，也就掌握了代皇帝审批章奏的票拟权，可以帮皇帝起草各种文件，可以提出各种建议，但不能代皇帝批红。但是皇帝可以委托司礼监批红，按规定司礼监批答奏章时还要参考内阁的意见，但可利用"偏旁改讹"的机会来贯彻自己的意图。皇帝发号施令需要通过内阁向下传达，但往往向内阁传达皇帝旨意的又是司礼监太监。在明武宗长期不见大臣不理朝政的状况下，朝政大权一时为刘瑾集团所把握。

刘瑾虽掌握了司礼监，但他毕竟是内臣，要发号施令，还必须要控制内阁和吏部，这就需要一批外臣为其服务，刘瑾将依附他的亲信焦芳、张彩、曹元、刘宇等人推荐到要害部门掌握权力。刘瑾等人掌权后，经常以武宗名义下发诏令，让吏、兵等部重要官员的进退任免，先要经过刘瑾同意，都察院等重要机构给皇帝的各种奏章，必须先交刘瑾审查，然后再上送。通过这种办法，刘瑾控制了重要官员的任免权，掌握了重要信息，割断了皇帝与外臣联系的渠道，更好地控制中枢权力[①]。

刘瑾独揽朝权五年，受其害的官员无数，凡是与他意见对立者，无不受到打击和迫害。在正德前五年里，刘瑾的话就是圣旨，他可以任意修改国家法令和制度，他的一句话就可以裁去河南、山东、山西等十余省的巡抚设置，而代以镇守太监。官员的升迁要看给他多少好处而定，其专权程度可谓已无以复加。刘瑾专权跋扈，势必会影响皇权、贵族、大地主及其他宦官的利益。"八虎"中的张永、谷大用、马永成本来是刘瑾的心腹，但刘瑾权势膨胀后，根本不把他们放在眼里，在行事中也侵犯了他们的利益，引起了他们的不满。正德五年（1510 年）八月十五日，张永、

---

① 参见齐涛主编，朱亚非著：《中国政治通史》（8），《精致极权的明朝政治》，泰山出版社 2003 年版，第 200—210 页。

马永成等人密告武宗刘瑾激起事变，欲行不轨。武宗也害怕刘瑾势力过大为非作歹，造成政局动荡，于己不利，于是下令逮捕刘瑾并处死，其党羽焦芳、刘宇、曹元等二十六人被列为"刘瑾奸党"罢官为民。张彩被逮捕后死于狱中，刘瑾的亲信、亲属张文宪等十五人被杀，横行五年的刘瑾集团宣告彻底瓦解。

三、藩王叛乱

正德时期，先后发生了两次藩王叛乱，即正德五年朱寘鐇之乱和正德十四年的朱宸濠之乱。

（一）朱寘鐇之乱

朱寘鐇的曾祖父是朱元璋的第十六子庆靖王朱㮵，洪武二十四年（1391年）封王，二十六年就藩宁夏。朱寘鐇的祖父是庆靖王的第四子朱秩炵，永乐十九年（1421年）封安化王。朱寘鐇的父亲是朱邃墂，镇国将军。弘治五年（1492年）朱寘鐇嗣王爵。朱寘鐇素有野心，他看到朝野对刘瑾专权不满，政治动荡，认为有机可乘。正德四年八月，刘瑾奏请派御史等到各处清理屯田，搞得"人不聊生"。派往宁夏的大理寺少卿周东"尤为苛刻"[①]，"以五十亩为一顷，又亩敛银为瑾贿，敲扑惨酷，戍将卫卒皆愤怨"[②]。这给朱寘鐇发动叛乱提供了一个难得的时机。

正德五年（1510年），会有边警，游击将军仇钺和副总兵杨英率兵出御，总兵官姜汉简锐卒六十人为牙兵，令指挥周昂带领。周昂是朱寘鐇的同党，得到这个任命后，遂与朱寘鐇的另一个同党千户何锦为朱寘鐇筹谋划策，于四月五日设宴，大会巡抚安惟学、总兵姜汉、大理寺少卿周东、镇守太监李增等。届时，安惟学、周东

---

① 《明通鉴》卷43。
② 《明史》卷117，《诸王传》。

辞而未来。何锦、周昂率牙兵直入宴会，杀姜汉及李增等，分遣同党千户丁广等杀安惟学、周东于公署。遂焚官府，释囚徒，将黄河的渡船统统撤到西岸，防止有人渡河。朱寘鐇派人招降仇钺和杨英；杨英所率部众溃散，本人单骑奔灵州；仇钺伪降，自驻地玉泉营引兵而至，朱寘鐇夺其军，分给其同党统领。又令孙景文作檄文，以讨伐刘瑾作为起兵的借口。各边镇接到檄文后，因畏惧刘瑾陷害，不敢上报，只有延绥巡抚黄珂封而上之。其时，西安左卫人曹雄，正以署都督同知充总兵官，镇守固原。闻变，即统兵压境上。命令指挥黄正以兵三千入灵州，约邻境各镇兵克期讨叛，又派遣灵州守备史镛等夺河西船，尽泊东岸，并潜通书仇钺，约为内应。曹雄的部署，限制了朱寘鐇势力的发展，加速了朱寘鐇叛乱的失败。仇钺被解除兵权后装病在家，阴结壮士，趁周昂来视时让伏卒猝起捶杀。然后集壮士，直奔安化府将朱寘鐇擒拿，朱寘鐇部众大溃，至此，寘鐇之乱彻底失败，时为四月二十三日。从举事到失败，前后共十八天。[①]

（二）朱宸濠之乱

正德年间，统治阶级内部的争权夺利也时有发生，朱宸濠之乱是其中最大的一次。

朱宸濠的高祖是明太祖的第十七子宁王朱权，洪武二十四年（1391 年）封王。靖难之役中，燕王朱棣以计挟朱权迁北平，即以其地给朵颜三卫，永乐元年（1403 年）宁王改封南昌。正统十三年（1448 年），朱权死，朱权之孙、朱宸濠之祖朱奠培嗣位，天顺年间因罪削去护卫。弘治四年（1491 年）朱奠培死，朱宸濠之父朱觐钧嗣位，弘治十年（1497 年）朱觐钧死，朱宸濠嗣位为宁王。

其时，刘瑾专权，朱宸濠通过向刘瑾行贿，正德二年（1507 年）五月，得以恢复护卫。刘瑾垮台后，其护卫乃被取消。正德八年十一月，与朱宸濠素有交往的陆

---

① 参见南炳文、汤纲著：《明史》（上），上海人民出版社 2014 年版，第 293—294 页。

完被任命为兵部尚书，朱宸濠遂给他写信，要他帮助恢复护卫。在陆完等人的帮助下，朱宸濠终于在正德九年四月达到了恢复护卫的目的。恢复护卫后，朱宸濠更加恣意行事，"尽夺诸附王府民庐，责民间子钱，强夺田宅子女，养群盗，劫财江、湖间，有司不敢问，日与致仕都御史李士实、举人刘养正等谋不轨"①。起先，朱宸濠见明武宗无子，东宫未立，"冀其子入嗣，可得大统，又不受悖逆名，故蓄谋不发"。他求钱宁、臧贤等"取中旨召其子司香太庙"，钱宁等为之报告明武宗，明武宗"用异色龙笺，加金报赐"。按照旧例，异色龙笺是"所赐监国书笺也"。正德十四年，御史萧淮上疏揭发朱宸濠的罪行，并且指出："不早制，将来之患有不可胜言者。"内阁大学士杨廷和看到奏疏后提议："宜如宣宗处赵府事，遣勋戚大臣宣谕，令王自新。"明武宗同意这一意见，派驸马都尉崔元、都御史颜颐寿、太监赖义等携带圣旨前去，收其护卫，令其归还所夺官民田。朱宸濠得到消息，知道用儿子"入嗣"的办法取得最高统治权已经行不通，于是决定发动武装叛乱。

正德十四年六月十四日，朱宸濠以庆祝生日为由，设宴招待地方官，令带甲持刀侍卫数百人将他们包围起来，声称"奉太后密旨，令起兵入朝"。巡抚江西副都御史孙燧和江西按察司副使许逵不从，皆被杀害。参政王纶、季敩，佥事潘鹏、师夔，布政使梁宸，按察使杨璋，副使唐锦等归附朱宸濠。朱宸濠以李士实、刘养正分任左右丞相，以王纶为兵部尚书，集兵号称十万。七月初一，朱宸濠留宜春王朱拱樤、内官万锐等守南昌城，自率舟师蔽江而下，前往攻打安庆。

汀、赣巡抚副都御史王守仁得知朱宸濠起兵叛乱的消息，即与吉安知府伍文定等急檄各府州县，派兵前来会剿。王守仁集结兵力直攻南昌，七月二十日攻克南昌，擒拿朱拱樤、万锐等。消息传到朱宸濠那里，他正在围攻安庆，不能得手，听说老巢已失，马上撤兵回救。二十四日，叛军与王守仁所派军队相遇于黄家渡，叛军不敌，败退八字脑。第二天又败，退保樵舍（在今南昌东北方向），联舟为方阵。二十六日，明军以火相攻，朱宸濠大败，诸妃嫔皆赴水死，将士焚溺而死者三万余

---

① 《明史》卷117，《宁王权传》。

人，朱宸濠及其世子、郡王、仪宾，并李士实、刘养正、王纶等皆就擒。朱宸濠自起兵至被擒，只有一个多月①。

正德时期安化王朱寘鐇与宁王朱宸濠的先后叛乱说明，直到明中期，藩王仍有挑战皇权者。他们的失败，也说明历史发展到明朝中期，虽然政局动荡，然中央集权已经卓有成效，民心思治，藩王逆乱已经不得人心。

第八章　嘉靖兴废

明世宗朱厚熜，也就是历史上著名的嘉靖皇帝，他在位四十五年，统治时间之长在明朝十六帝中仅次于其孙明神宗朱翊钧。在近半个世纪的统治中，明世宗基本上有一半时间待在西苑炼丹、斋醮、求仙以追求长生。虽然明世宗以荒政昏庸闻名于世，但却从来没有放松过对最高权力的控制。在明代皇帝中，他的权术或许不及明太祖朱元璋，荒唐不及明武宗朱厚照，对外开拓不及明成祖朱棣，守成不及明宣宗朱瞻基，谨慎为政不及明孝宗朱祐樘，然能始终控制宦官、朝臣，终嘉靖一朝，宦官权势遭到压制，内阁权力始终不能得到伸展，而皇权却能稳如泰山。正德、嘉靖二帝长达六十年统治的腐败、昏庸以及因权力争斗而导致的内耗，外加日益严重的外患，明王朝的统治已经呈现出衰败的气象。

一、嘉靖初政

正德十六年（1521年）三月十四日，明武宗病死，时年三十一岁。因为无子可继皇位，皇太后张氏命太监张永、谷大用等到内阁与大学士议所当立。首辅杨廷和援引《皇明祖训》说："兄终弟及，谁能渎焉。兴献王长子，宪宗之孙，孝宗之从子，大行皇帝之从弟，序当立。"[①] 大学士梁储等也赞成这个意见。皇太后张氏遂定议立朱厚熜为继帝。正德十六年四月二十二日，朱厚熜至京师，在奉天殿即皇帝位，以翌年为嘉靖元年（1522年），是为明世宗。

明世宗即位之初，求治之心甚切，在政治上采取了一些积极的措施，御极之初，力除一切弊政，其新政举措，归纳起来主要有：

其一，革皇店。

其二，豹房番僧及少林僧、教坊乐人等诸非常例者，一切罢遣。

其三，放遣四方进献女子。

其四，停京师不急工务。

其五，收宣府行宫金宝归诸内库。

其六，裁汰锦衣诸卫、内监局旗校工役为数十四万八千七百，减漕粮一百五十三万二千余石。

其七，斥去贵、义子传陞、乞陞一切恩幸得官者。

其八，逮捕惩治武宗年间为恶尤甚的宦官，其中包括张锐、张雄、张忠、于经、孙和、刘养等人。

其九，纵内苑禽兽，令天下毋得进献。

其十，革传陞官。

---

① 《明史》卷190，《杨廷和传》。

其十一，停陕西织造绒服。

其十二，罢广西贡香，并"谕各镇巡守备官，凡额外之征悉罢之"。

其十三，尽罢诸镇守内官，进一步削弱宦官权势。

其十四，清理庄田。"不问皇亲势要，凡系冒滥请乞及额外多占者，悉还之民"①，如有畏避权势、隐瞒真情者，从重惩处。

其十五，诏令"抚按官讲求荒政"②。实行修义仓、置义田、行和籴贷赈等一系列救荒举措。

其十六，开放言路，命群臣陈民间利病，等等。③

嘉靖初政，力图清除明武宗遗留下来的弊政和隐患，其举措当然不止上述所列，这在一定程度上改变了明武宗以来朝政混乱的局面，史称"天下翕然称治"④。

二、世宗求仙

明世宗因为身体不好，即位不久即在太监崔文等人的引诱下，好方术鬼神之事，日事斋醮。"乾清、坤宁诸宫，西天、西番、汉经诸厂，五花宫两暖阁、东次阁，莫不有之。"⑤嘉靖二年（1523 年）闰四月，大学士杨廷和上言"慎始修德十二事"，其中对于建斋醮一事"首力言之"⑥。其他大臣、言官也屡以为言。但明世宗都不肯听从。礼科给事中刘最"极言其非，且奏（崔）文耗帑金状"，明世宗竟听从崔文的话，让刘最"自核侵耗数"。明代制度规定"帑银属内府，虽计臣不得稽赢缩"，要刘最核

---

① 《明通鉴》卷 53。

② 《明史》卷 17，《世宗本纪一》。

③ 参见南炳文、汤纲著：《明史》（上），上海人民出版社 2014 年版，第 353—355 页。

④ 《明史》卷 18，《世宗本纪二》。

⑤ 《明史》卷 206，《郑一鹏传》。

⑥ 《明通鉴》卷 50。

查内帑银显然是故意对他进行刁难。刘最上疏自辩，却被"出为广德州判官"①。明世宗之一意孤行，由此可见一斑。

在邵元节、陶仲文等方术之士的影响下，明世宗长期迷恋于修玄论道，炼丹服药，祈求长生，刚即位时的那种进取精神荡然无存，明中期的政治益加腐败。这主要表现在下面几个方面。

其一，明世宗对修玄论道的迷恋，导致朝臣将心思花费在阿谀奉承的歪风邪气上面，加剧了明王朝吏治的腐败。嘉靖十年之后，明世宗崇道修仙活动升级，朝廷大殿中整日香火缭绕，斋醮连日不断，但此时的大学士李时、翟銮，礼部尚书夏言等不仅不去阻止，反而千方百计迎合帝意，并不时陪着皇帝上香行礼。当时斋醮活动需要献给天神的奏章——"青词"。明世宗在斋醮时觉得道士文化太低，青词写得不理想，就让官员们写青词。谁青词写得好，得到明世宗的青睐，谁就能仕途通达。夏言、严嵩、徐阶等都是因为善写青词而被任命为内阁首辅的。

其二，明世宗对长生仙道的追求导致社会出现粉饰太平风气，影响了最高统治集团对国事和政局的处理应变能力。明世宗崇道教尤喜祥瑞，社会上因此献祥瑞之风盛行。下雨、下雪，甚至麦穗结得大，各地官员都要当作祥瑞之兆向朝廷汇报。至于献鱼者、献白兔者、献白鹿者更是络绎不绝，以迎合明世宗喜欢祥瑞的心理。当时南倭北虏之患日重，各地灾荒不断，但朝廷上下却沉溺在虚幻的太平盛世之中。自皇帝到大臣均将必须处理的国事放在一边，许多迫切需要解决的问题得不到解决，甚至将处理政事与斋醮、献祥瑞等联系起来欺骗皇帝。在这种献祥瑞、粉饰太平、香火缭绕、轻歌曼舞声中，统治集团迷幻在自己吹捧出来的太平盛世之中，真正的社会矛盾无人关注，也缺少有力的解决措施。

其三，明世宗对崇道求仙的迷恋，造成了极大的浪费，加剧了国库的虚耗。嘉靖年间，由于陶仲文等道士的请求，朝廷几次拨巨款修建道观工程，动用了大量人力、物力、财力。做斋醮之类活动耗费的资材更是数不胜数。与此相反的则是各地

---

① 《明史》卷 207，《刘最传》。

灾民所急需救济的钱粮无法落实，边军和沿海卫所的士兵所应划拨的军饷及军粮难以及时到位，从而导致国势日渐削弱。[①]

明世宗身体孱弱多病，数十年长期信奉道教，专意斋醮，又服食方士所进内含铅硫的丹药，往往烦躁难制，这在一定程度上加速了他的死亡。嘉靖四十五年（1566年）十二月庚子，明世宗由西苑迁回乾清宫的当天即死去，庙号世宗。《明史》说："若其时纷纭多故，将疲于边，贼讧于内，而崇尚道教，享祀弗经，营建繁兴，府藏告匮，百余年富庶治平之业，因以渐替，虽剪剔权奸，威柄在御，要亦中材之主也矣。"[②] 这应是公允之论。

三、严嵩弄权

嘉靖时期，由于杨廷和的改革削弱了宦官的权力，再加上明世宗对宦官控制很严，宦官干政局面没有形成，因此内阁的权力不断扩大。各派政治势力也随之加强了对内阁的争夺，争夺的焦点则是内阁首辅大学士。嘉靖时期，明世宗虽然崇道求仙成瘾，然权纲总揽，不肯稍借臣下。为了防止臣下危害其专制独裁，明世宗千方百计广其耳目、搞清百官情伪，对于大臣的互相告讦，极力鼓励。发现令其不满意的事情，立即予以严厉惩罚，即使事主是其原来信任的人，也不随便放过，朝臣因而普遍感到他"恩威不测"[③]。因此，在他统治时期，能进入内阁者多是善于钻营的政治投机者，彼此之间为争宠于明世宗，以便掌握更多的权力，长期互相倾轧不止。嘉靖时期是明朝内阁纷争最为激烈的时期。先后担任内阁首辅大学士的有杨廷和、蒋冕、毛纪、费宏、杨一清、张璁、夏言、严嵩、徐阶等人，在位较长的是张璁、夏言、严嵩、徐阶四人。他们都是政治上玩弄权术的高手，都是通过整倒前任而担

---

① 参见齐涛主编，朱亚非著：《中国政治通史》（8），《精致极权的明朝政治》，泰山出版社2003年版，第231—234页。
② 《明史》卷18，《世宗本纪二》。
③ 《明史》卷196，《方献夫传》。

任首辅大学士的。明世宗正是利用了他们之间的这种矛盾，巧妙地利用一派打击一派，牢牢地钳制着朝臣，维护着自己的专制皇权。

基于上述因素，嘉靖时期少了宦官专权，然随之而来的是内阁首辅的弄权，这其中以严嵩专权为代表。

嘉靖二十一年（1542年）八月，严嵩除武英殿大学士，入直文渊阁。这时严嵩已年过六十，但"精爽溢发，不异少壮。朝夕直西苑板房，未尝一归洗沐，帝益谓嵩勤"①，越发信任。但夏言削职后，翟銮以资序为首辅，严嵩虽权出其上，而"终恶銮，不能容"。"会銮子汝俭、汝孝与其师崔奇勋、所亲焦清同举二十三年进士，嵩遂属给事中王交、王尧日劾其有弊。"②嘉靖二十三年八月，翟銮被削职为民，严嵩终于取而代之。不过，这次严嵩任首辅的时间并不长。当时吏部尚书许赞、礼部尚书张璧同在内阁辅政，但严嵩事取独断，不相关白。许赞表示不满，严嵩才上言："独蒙宣召，于理未安……今诸阁臣凡有宣召，乞与臣同，如祖宗朝蹇、夏、三杨故事。"后来明世宗逐渐得知其专横情形，开始厌烦严嵩。而夏言自被削职后，"遇元旦、圣寿必上表贺，称草土臣"。明世宗对他很有好感。因此嘉靖二十四年十二月，夏言被召还内阁，"尽复其原官，且加少师，位在嵩上"③，首辅之职又由严嵩转还夏言之手。此后，经过严嵩与夏言的争斗，嘉靖二十七年，夏言再次致仕，后被杀。夏言致仕后，严嵩第二次成为首辅，并且连任十几年，成为嘉靖年间任期最长、影响最大的一个首辅。《明史》说："嵩无他才略，惟一意媚上，窃权罔利。"④这可谓准确地概括了严嵩的一生，其第二次出任首辅后更是如此。

住在西苑的明世宗与外人很少接触，除了方术之士，大臣中唯严嵩"承顾问，御札一日或数下，虽同列不获闻"。但明世宗竭力防止大权旁落，"虽甚亲礼嵩，亦不尽信其言，间一取独断，或故示异同，欲以杀离其势"。面对这种情况，严嵩却用

---

① 《明史》卷308，《严嵩传》。
② 《明史》卷193，《翟銮传》。
③ 《明史纪事本末》卷54。
④ 《明史》卷308，《严嵩传》。

非常狡猾的手段，将权力窃取到手。史称："嵩父子独得帝欃要，欲有所救解，嵩必顺帝意痛诋之，而婉曲解释以中帝所不忍。即欲排陷者，必先称其媺，而以微言中之，或触帝所耻与讳。以是移帝喜怒，往往不失。"于是朝臣争向严嵩靠拢，"时称文选郎中万寀、职方郎中方祥等为嵩文武管家。尚书吴鹏、欧阳必进、高燿、许论辈，皆惴惴事嵩"①。严嵩实已大权在握。利用窃取到的权力，严嵩大搞卖官鬻爵、贪污受贿，积累起惊人的财富，过着极为奢侈的生活。嘉靖三十一年（1552年），南京御史王宗茂上疏揭发：严嵩"久持国柄，作福作威。薄海内外，罔不怨恨。如吏、兵二部，每选请属二十人，人索贿数百金，任自择善地，致文武将吏尽出其门……往岁遭人论劾，潜输家资南返，辇载珍宝，不可数计，金银人物，多高二三尺者，下至溺器，亦金银为之……广市良田，遍于江西数郡。又于府第之后积石为大坎，实以金银珍玩，为子孙百世计……陛下所食大官之馔不数品，而嵩则穷极珍错。殊方异产，莫不毕致"②。嘉靖三十七年，刑部主事张翀就边防、财赋、人才三方面对严嵩进行弹劾，说"户部岁发边饷，本以赡军，自嵩辅政，朝出度支之门，暮入奸臣之府。输边者四，馈嵩者六。臣每过长安街，见嵩门下无非边镇使人。未见其父，先馈其子。未见其子，先馈家人。家人严年富已逾数十万，嵩家可知。私藏充溢，半属军储。边卒冻馁，不保朝夕"③。

严嵩极力打击异己势力，并且打击得很巧妙，不露痕迹。史称明世宗"英察自信，果刑戮，颇护己短，嵩以故得因事激帝怒，戕害人以成其私。"在严嵩当政时，谢瑜、叶经、童汉臣、赵锦、王宗茂、何维柏、王晔、陈垲、厉汝进、沈炼、徐学诗、杨继盛、周铁、吴时来、张翀、董传策等曾先后弹劾严嵩或其子严世蕃，严嵩对他们都进行了报复和打击，有的还被置于死地。沈炼于嘉靖三十年弹劾严嵩十大罪，被谪佃保安。嘉靖三十六年，严嵩及其子严世蕃又指使其党羽宣大总督杨顺等，

① 《明史》卷 308，《严嵩传》。
② 《明史》卷 210，《王宗茂传》。
③ 《明史》卷 210，《张翀传》。

借"蔚州妖人阎浩"案，"窜炼名其中"，"斩炼宣府市"①。杨继盛于嘉靖三十二年（1553年）揭发严嵩有十大罪和五大奸，严嵩操纵刑部将之判处绞杀之刑。然而明世宗"犹未欲杀之也"，将杨继盛在狱中关了两年，并不执行。为了不使养虎遗患，嘉靖三十四年严嵩在一个明世宗必然批准处决的案件中，"附继盛名并奏"，从而使之被"弃西市"②。除了上述数人之外，严嵩"他所不悦，假迁除考察以斥者甚众"，而且也是"皆未尝有迹也"③。

严嵩的排除异己、专权胡为，对嘉靖时期的朝政产生了极坏的影响。严嵩掌权之时，正是明中叶"南倭北虏"最为严重的阶段，由于俺答的进攻，从嘉靖二十九年至嘉靖四十二年（1550—1563年），京师竟至三次戒严。倭寇的骚扰则遍及东南沿海各省。这种严重局势的形成，虽然有多方面的原因，但严嵩的窃权乱政，则是其中最重要因素。嘉靖三十七年，刑科给事中吴时来在上疏中曾指出："今边事不振，由于军困，军困由官邪，官邪由执政之好货。若不去嵩父子，陛下虽宵旰忧劳，边事终不可为也。"④

嘉靖四十年，明世宗所居永寿宫发生火灾，徙居玉熙殿，"隘甚，欲有所营建"⑤，征求严嵩的意见。严嵩请暂居"南城离宫。南城，英宗为太上皇时所居也"，明世宗因而甚不高兴。而征求徐阶的意见时，徐阶则请重修永寿宫。第二年工程完毕，改名万寿宫。从此明世宗"益亲阶，顾问多不及嵩。即及嵩，祠祀而已"⑥。嘉靖四十一年五月，方士蓝道行"恶严嵩，假乩仙言嵩奸罪"。明世宗问："果尔，上仙何不殛之？"蓝道行又假乩仙言："留待皇帝自殛。"迷信方术的明世宗听后不能不大为"心

① 《明史》卷209，《沈炼传》。
② 《明史》卷209，《杨继盛传》。
③ 《明史》卷308，《严嵩传》。
④ 《明史》卷210，《吴时来传》。
⑤ 《明史》卷213，《徐阶传》。
⑥ 《明史》卷308，《严嵩传》。

动"①。此消息被御史邹应龙得知，在徐阶的支持下，"抗疏极论嵩父子不法"②，于是严嵩被令致仕、严世蕃被判处充军边远。严嵩致仕后，徐阶代为首辅。明世宗把严嵩值班所用之地赐给徐阶，徐阶鉴于严嵩的教训，辅政小心翼翼，"以威福还主上，以政务还诸司，以用舍刑赏还公论"③，明朝中期的政治才逐渐重新走上了正常轨道。④

① 《明史》卷 307，《陶仲文传附蓝道行传》。
② 《明史》卷 308，《严嵩传》。
③ 《明史》卷 213，《徐阶传》。
④ 参见南炳文、汤纲著：《明史》（上），上海人民出版社 2014 年版，第 381—387 页。

第九章　隆庆小治

嘉靖四十五年（1566 年）十二月十四日，明世宗驾崩。二十六日，朱载垕即位，以翌年为隆庆元年（1567 年），是为明穆宗。明穆宗即位时已过三十，又享祚年浅，在位只有六年，其间大臣争夺首辅的斗争激烈，地方民变不断。明穆宗虽然性格柔弱怠政，然能在治国理政上信任和尊重阁臣除弊兴利主张和举措，能够有条件地开放海禁，鼓励民间对外贸易；在北方边境也实现了对蒙古俺答汗的册封与互市，从而解决了自明太祖朱元璋以来蒙古贵族一直对北方边疆的侵扰。在明中期内忧外患危机下能有如此成就，也可称得上是"小治"了。

一、阁臣权争

嘉靖年间的首辅之争，在隆庆年间仍然是有增无减。明穆宗朱载垕即位后的隆庆年间，内阁发生了很大变化，一改嘉靖年间内阁只有两三人辅政的局面。隆庆元年（1567 年），明穆宗提议内阁增员，理由是内阁既然要协助他管理国家，就要杜绝一言堂。因而，除了首辅徐阶、次辅李春芳、文渊阁大学士高拱、吏部尚书郭朴，内阁又接连进了接替高拱礼部尚书之位的陈以勤，以及吏部左侍郎张居正。

内阁一向都是朝堂的明争暗斗之地。不过，嘉靖朝的内阁之争表现为首辅与次辅之间的争斗，可在隆庆初年内阁之争却变成了首辅徐阶与阁臣高拱之间的斗争。其时，次辅李春芳缺乏权力野心，是个好好先生；张居正等人则因为资格、身份等因素所限，尚无觊觎首辅的野心；文渊阁大学士高拱则相反，一则他对内阁首辅有极强的觊觎之心，二则他依仗自己曾经是朱载垕任皇太子时的老师的特殊身份，因此处处与徐阶作对。徐阶和高拱，在朝廷里代表着徐党和拱党两股势力。这两股势力在寡言的明穆宗面前，渐渐地从暗斗变成了明争。

高拱，河南新郑人，嘉靖四十五年（1566 年）与安阳人郭朴同时因徐阶的推荐而入阁。但郭朴与高拱"乡里相得，事阶稍倨"，高拱尤其"负才自恣"①。明世宗末年，徐阶的同乡给事中胡应嘉，曾弹劾高拱，高拱怀疑是徐阶所指使，遂"大憾之"②。

隆庆元年，胡应嘉与徐阶联手弹劾高拱。高拱也找人弹劾徐阶。双方斗争的结果，高拱遭到失败，不得不"引疾归"，郭朴也因受到攻击而"乞身去"。但徐阶保有首辅位子的时间也不太长。徐阶对明穆宗多所劝谏，"所持诤多宫禁事，行者

---

① 《明史》卷 213，《郭朴传》。
② 《明史》卷 213，《高拱传》。

十八九，中官多侧目"[1]。明穆宗对他也渐渐不满。隆庆二年（1568年）七月，徐阶只好自请致仕。

接替徐阶的是李春芳。他为人"恭慎，不以势凌人"，其任首辅，"益务以安静称帝意"[2]。隆庆三年冬，明穆宗召高拱以大学士兼掌吏部事。这时，高拱"尽反阶所为"，"专与阶修郄，所论皆欲以中阶，重其罪"[3]；对李春芳则凌之以"出其上"，李春芳不能与争，"谨自饬而已"。李春芳"尝从容为阶解"，估计高拱最终不会容纳自己，只好连疏"请归养"父母。同时南京给事中王祯也仰承高拱的鼻息，上疏对李春芳进行攻击。隆庆五年五月，李春芳终于被批准致仕退休归乡。至此，久已觊觎首辅之位的高拱终于如愿以偿。总计明穆宗在位的六年中，首辅先后由三个人担任，每人平均任职二年，于此可见当时大臣的互相倾轧是多么的剧烈[4]。

二、开海禁，发展对外贸易

明初沿海倭寇侵扰不断。永乐年间，明军曾一度给倭寇以严重打击，使得倭寇在相当长的时间内不敢大举入犯。明朝与日本之间虽有通商贸易，但当时采取的基本是禁海政策，除官方进行的"朝贡贸易"外，不许民间出海贸易。嘉靖年间倭寇之乱再起，明朝政府推行更加严厉的禁海政策，在打击与防止倭寇侵扰的同时，沿海地区的对外贸易也受到了很大的影响。

嘉靖二年（1523年）发生"争贡之役"，明政府便加强海禁。嘉靖三年四月严定律例，凡"番夷贡舡官未报视，而先迎贩私货者"，或"私代番夷收买禁物者"，或"揽造违式海舡，私鬻番夷者"[5]，都要从重论罪。嘉靖四年八月，又下令"海舡，但

---

① 《明史》卷213，《徐阶传》。

② 《明史》卷193，《李春芳传》。

③ 《明史》卷213，《高拱传》。

④ 参见南炳文、汤纲著：《明史》（上），上海人民出版社2014年版，第399页。

⑤ 《明世宗实录》卷38。

双桅者，即捕之，所载即非番物，以番物论，俱发戍边卫"[①]。嘉靖八年十二月，又"出给榜文，禁沿海居民毋得私充牙行，居积番货，以为窝主，势豪违禁大船，悉报官拆毁，以杜后患，违者一体重治"[②]。嘉靖十二年九月，又下令"一切违禁大船，尽数毁之，自后沿海军民私与贼市，其邻舍不举者连坐"[③]。嘉靖二十六年，朱纨任浙江巡抚兼提督浙闽海防军务。他为了清海道防倭寇，"于是革渡船，严保甲，搜捕奸民"[④]，不但禁止民间出海贸易，连下海捕鱼等活动和沿海之间的交通也都阻断。然而，明朝政府推行严厉"海禁"政策来防止倭寇的侵扰的结果，却造成因"商道不通，商人失其生理，于是转而为寇"，而东南沿海居民因为"资衣食于海"，因"海禁太严，渔樵不通"，生活艰难，嘉靖二十年后"海禁愈严，贼伙愈盛"[⑤]。

隆庆二年（1568年），由于倭乱的大致平定，沿海商人要求明朝重开海禁，与外国贸易的呼声越来越高。在闽浙的一些政府官员，更是看到了对外贸易中形成"民情趋利，如水东壑，决之甚易，塞之甚难"的局面。针对这种状况，福建巡抚都御史涂泽民率先提出"请开海禁，准贩东西二洋"的建议。由于这个建议中把日本排除在外，并且又明确规定不得将硝磺、钢铁等违禁之物带到国外，所以得到了明政府的批准，沿海商人从此可以拿政府发给的凭证公开出海经商。到了万历年间，又对沿海商人出海贸易进行了规范，将出海商船编号，向政府缴税的可以出海贸易，并将每年发凭证的出海商船限定为一百一十艘。仅此一项，政府每年可增加税收近三万两白银。这种缓禁政策虽然没有完全解除海禁，但对要求出海贸易的商人是有利可图的，他们只要纳税，就可向政府登记出海贸易，并得到政府的保护，再也不用为避海禁而东躲西藏或起而造反了。尽管当时对日本并没有开禁，但商船出海后到何处贸易，政府并无力控制，所以到日本贸易的商船也不在少数。这种对外贸易

---

① 《明世宗实录》卷 54。

② 《明世宗实录》卷 108。

③ 《明世宗实录》卷 154。

④ 《明史》卷 205，《朱纨传》。

⑤ 《明经世文编》卷 270。

的放宽，从经济上让国人得到了好处，可以与外国商品互通有无，让商人也有利可图。从政治上则在很大程度上安抚了要求出海贸易的商人，避免了让他们为从事海外贸易反对海禁并铤而走险的做法，也在一定程度上减轻了中外海盗的骚扰，有利于巩固海防并且获得人民的支持。[①]

三、册封俺答汗，绥靖北部边境

隆庆年间的另一件政治上有影响的大事是隆庆五年（1571年）明政府封蒙古俺答汗为顺义王，与蒙古俺答部化干戈为玉帛，结束了北部边境长期战乱的局面，北方边疆局势得到了缓和。

自嘉靖中期后，俺答汗所部军队不断入侵关内山西、河北等地，给百姓生命财产造成了严重损失。明军不得不增大兵力，加强防守。隆庆五年，俺答汗的孙子把汉那吉因个人婚姻问题与俺答汗闹翻，遂率十余人入关投降明朝，三边总督王崇古接受了他的投降。当时朝廷中很多官员害怕再引起战争，不敢接受把汉那吉。但时任首辅的高拱和阁臣张居正全力支持王崇古，不仅接纳了把汉那吉，而且奏明穆宗，封把汉那吉为指挥使，以诚相待，并赐给大批礼品。俺答汗本想入犯内地，夺回其孙，后见明朝对其孙礼遇有加，也很受感动，于是主动提出与明朝和好并请求封贡。明朝政府于是抓住这一有利时机，主动答应了俺答汗请贡的要求。隆庆五年三月，明朝封俺答汗为顺义王，并封其他蒙古部落首领为都督指挥、千户、百户等官，并允许在宣府、大同及陕西三边地区与蒙古各部落开互市，通过经济联系来保持友好交往。[②]

册封俺答汗和与蒙古诸部落通商互市，使持续了两百多年的战乱与紧张气氛的

---

① 参见齐涛主编，朱亚非著：《中国政治通史》（8），《精致极权的明朝政治》，泰山出版社2003年版，第265—266页。

② 参见齐涛主编，朱亚非著：《中国政治通史》（8），《精致极权的明朝政治》，泰山出版社2003年版，第266页。

边关形势得到缓和。明王朝从建国伊始就不断受到蒙古部落的骚扰，延续了两百多年。尤其是明宪宗成化初，蒙古族军事势力进入河套以后，蒙古骑兵动辄深入明朝内地，直至北京城下。这不仅给北方民众的生命财产造成了严重的损失，对明朝统治也构成了一定的威胁。"俺答封贡"，解除了明朝北方的祸患，从此，"东起延、永，西抵嘉峪七镇，数千里军民乐业，不用兵革，岁省费什七"①。在以后的几十年间，明朝政府与蒙古部落再也没有发生过大的战争。

① 《明史》卷 222，《王崇古传》。

第十章　张居正改革

在明王朝治理历史上，张居正是一个不能忽视的政治人物。他执政期间，以考成法为核心整饬吏治，清查田赋，实行一条鞭法，推行军事改革，振纪纲，重诏令，核名实，课吏职，抑豪强，固民本，禁私学，抑异说，加强中央集权，他以其缜密而又远见卓识的谋略和果敢魄力，通过政治、经济、军事等方面的一系列改革，暂时解决了明中期以来所存在的君主势衰、法度不行、政局失控、政事弛靡、财政窘迫、民生困苦等积重难返的问题，使得明王朝一度回光返照，"海寓肃清、四夷詟服""中外乂安，海内殷阜，纪纲法度，莫不修明"。张居正改革，是中国历史上少有的一次成功的改革。它与商鞅变法、王安石变法一起，并列为中国古代历史上颇具典型意义的三次革新运动。

一、张居正的改革主张

早在隆庆二年（1568年），张居正就已经向明穆宗朱载垕全面地阐述了他的治国主张与改革思想。

（一）《论时政疏》的改革主张

嘉靖二十八年（1549年），作为翰林院编修的张居正，向朝廷上《论时政疏》[①]，首次展现了他的改革主张及其治理思想。

第一，张居正在上疏中向明世宗朱厚熜陈述了他上疏的缘由。张居正告诉明世宗，他身为翰林院编修，"抱宗国之忧""厕下庭之列"，有为朝廷进言的责任与义务。他视明世宗为"明君"，希望自己对时政的看法能为君主所"留意"。

第二，张居正在上疏中指出，整顿弊政如同治病救人，人得病是因为气血不通，国家政治出现问题也是同样的道理。张居正说："臣窃推今之事势，血气壅阏之病一，而臃肿痿痹之病五，失今不治，后虽疗之，恐不易为力矣。臣敢昧死以闻。"

第三，张居正认为，治国之道在于持盈保泰，应该如同天地相交一样而君臣和合，上下一心，勤政求治。他以明孝宗朱祐樘为例，希望当今皇帝也以"求治"为急，"亲信大臣"并虚己纳言。

第四，张居正向明世宗提出了问题的症结所在，疏中指出当时政治弊端五条，即宗室骄恣、庶官瘝旷、吏治因循、边备未修、财用大匮。

嘉靖二十六年，二十二岁的张居正高中进士，授庶吉士，进入翰林院。入翰林院后，张居正成了徐阶最赏识的学生之一。在此期间，内阁首辅夏言和次辅严嵩争斗正酣。虽然在夏、严之争中，张居正是个旁观者，可也正是因为置身事外，让他有了更多的机会观察朝政，了解民生。随着对朝政、民生的深入了解，对朝廷政治

---

① ［明］张居正著，张嗣修、张懋修编撰：《张太岳集》下，文集，卷9，《论时政疏》。

腐败和边防废弛有了自己独到的见解，故而有感而发。

张居正所提出的明王朝政治所存在的"血气壅阏"及五大病症应是他长期深思熟虑的产物。他敢于向明世宗直言"乃今阴阳不调，灾异数见，四夷未宾，边尘屡警，犹不能不勤宵旰之忧者，意奉职者未得其人与？抑上下之志犹有所未通耳？"这是触犯逆鳞，是需要勇气的。

明世宗性格刚愎自用，最不喜欢臣下向他谏净。身为翰林院编修张居正的上疏，当然不会放在这位嘉靖皇帝的眼里，遂置若罔闻，搁在了一边。但张居正也没有因为上疏而带来政治麻烦，这和此后的杨继盛、海瑞以上疏招灾致祸相比，可要幸运得多了。

嘉靖三十二年（1553 年），刑部员外郎杨继盛上疏，弹劾内阁首辅严嵩十大罪状：（1）坏祖宗之成法；（2）窃君上之大权；（3）掩君上之治功；（4）纵奸子之僭窃；（5）冒朝廷之军功；（6）引悖逆之奸臣；（7）误国家之军机；（8）专黜陟之大柄；（9）失天下之人心；（10）敝天下之风俗。以其中任何一条，即可置严嵩于死地。但当时明世宗宠信严嵩，他自己则清虚学道，不理政事，严嵩才得以擅权乱政。杨继盛上疏自知触怒明世宗与严嵩必死无疑，还是冒死谏净，希望能造成一种舆论。明世宗当然不能容忍，将杨继盛下狱处死。杨继盛身上有着传统士大夫那种引以自傲的名节正气，临刑前还赋诗一首：

> 浩气还太虚，
> 丹心照千古。
> 生平未报恩，
> 留作忠魂补。[1]

至死仍对处死他的明世宗赤胆忠心，毫无怨言，而明世宗却视他为草芥。这是杨继盛的悲剧。

---

[1] 《明史》卷 209，《杨继盛传》。

嘉靖四十五年（1566 年），户部主事海瑞仿效贾谊向汉文帝痛哭流涕上《治安策》的先例，向明世宗上《治安疏》，引起朝野轰动，一天之间直声震天下。海瑞以极其激烈的言辞，向明世宗提出警告，要他"翻然悔悟，日御正朝，与宰相、侍从、言官讲求天下利害，洗数十年之积误"。海瑞在上疏中率直地毫不掩饰地指出君道之误，"大端在于斋醮"，即清虚学道，以致"二十余年不视朝，法纪弛矣；数年推广事例，名器滥矣"；天下"吏贪官横，民不聊生，水旱无时，盗贼滋炽"[①]。海瑞之所以敢于这样直言不讳地批评嘉靖皇帝，是因为他早已经把生死置之度外。上疏前，他买好了棺材，诀别了妻子，把后事托付给同乡庶吉士王弘海。

明世宗看了这个奏疏后，大发雷霆，气得掷到地上，过了一会儿，又拿来再三阅读，为之感动叹息："此人可方比干。"[②]过后，又密谕内阁首辅徐阶："今人心之恨不新其政，此物可见也，他说的都是。"由此可见，海瑞上疏的意图还是明白的，但明世宗为了自己的面子、威望，虽未把海瑞处死，仍将他打入牢中监禁。后来，明世宗驾崩。海瑞在狱中听得噩耗，悲痛欲绝，竟五体投地，呕吐得狼藉一片，继而昏厥过去。醒来后，终夜痛哭不停，次日披麻戴孝，呼天抢地，如丧考妣。

杨继盛与海瑞有很多相似之处，都因上疏遭祸。反观张居正的上疏，或许由于措辞巧妙，或许是因为明世宗以为是老生常谈而不屑一顾，总之疏上后是杳无声息，也未加惩处。这既是张居正的悲哀，也是张居正的幸运。

平心而论，张居正奏疏中所列举的五大政治弊端，确实击中了当时政治的要害，如能针对性地做些改革，那么政局必定会有所改观。但是，明世宗昏庸，首辅严嵩擅权，这是根本不可能的。张居正在写给友人的书信中，不无感慨地说："长安棋局屡变，江南羽檄旁午，京师一里之外，大盗十百为群，贪风不止，民怨日深，倘有奸人乘一时之衅，则不可胜讳矣。"因此，他以为当此危难时期，"非得磊落奇伟之士，

---

① 《明史》卷 226，《海瑞传》。
② 《明史》卷 226，《海瑞传》。

大破常格，扫除廓清，不足以弭天下之大患"①。毫无疑问，张居正以磊落奇伟之士自诩，一旦得志，他便要大破常格，扫除廓清，有一番大动作。他在等待时机。

第五，接下来，张居正在《论时政疏》中向明世宗详细说明了"五害"的主要表现。

（1）宗室骄恣。

> 臣闻今之宗室，古之侯王，其所好尚，皆百姓之观瞻，风俗之移易所系。臣伏睹祖训，观国朝之所以待宗室者，亲礼甚隆，而防范亦密。乃今一二宗藩，不思师法祖训，制节谨度，以承天休，而舍侯王之尊，竞求真人之号，招集方术、逋逃之人，惑民耳目。斯皆外求亲媚于主上，以张其势；而内实奸贪淫虐，陵轹有司，搏刻小民，以纵其欲。

（2）庶官瘝旷。

> 今国家于人才，素未常留意以蓄养之，而使之又不当其器。一言议及，辄见逐去。及至缺乏，又不得已，轮资逐格而叙进之。所进或颇不逮所去。今朝廷济济，虽不可谓无人，然亦岂无抱异才而隐伏者乎？亦岂无罹微玷而永废者乎？臣愚以为诸非贪婪至无行者，尽可随才任使，效一节之用；况又有卓卓可录者，而皆使之槁项黄馘以终其身，甚可惜也！吏安得不乏？所谓庶官瘝旷者，此也。

（3）吏治因循。

> 迩来考课不严，名实不核。守令之于监司，奔走承顺而已。簿书期会为急务，承望风旨为精敏。监司以是课其贤否，上之铨衡；铨衡又不深察，惟监司之为据。至或举劾参差，毁誉不定，贿多者阶崇，巧宦者秩进。

---

① ［明］张居正著，张嗣修、张懋修编撰：《张太岳集》中，书牍，卷15，《答西夏直指耿楚侗》。

（4）边备未修。

> 夷狄之患，虽自古有之，然守备素具，外侮不能侵也。今虏骄日久，迩来尤甚，或当宣大，或入内地，小入则小利，大入则大利。边围之臣，皆务一切幸而不为大害，则欣然而喜，无复有为万世之虑，建难胜之策者。

（5）财用大匮。

> 今国赋所出，仰给东南。然民力有限，应办无穷，而王朝之费，又数十倍于国初之时。大官之供，岁累巨万；中贵征索，溪壑难盈。司农屡屡告乏。夫以天下奉一人之身，虽至过费，何遽空乏乎？则所以耗之者，非一端故也。

最后，张居正用战国扁鹊见蔡桓公的故事，告诫明世宗应当认识到问题的严重性，上医医国，而不要像蔡桓公那样因为讳疾忌医而导致国家政事演变成无可救药而后悔莫及。

老实说，张居正有救国的抱负，也具备治国的能力，但从这篇《论时政疏》中却多少看到了他此时尚血气方刚以及求治过急的心情，应该是文不对时，也可以说他此时在政治上还不够成熟。如果此时明世宗对他进行严厉的处分，很可能就会因此中断他的政治前程。此后，经过与严嵩、徐阶、李春芳、高拱等内阁首辅的频频过招，张居正已经彻底成熟起来，从而为他在万历年间治理国家奠定了基础。

（二）《陈六事疏》的治国气象

史载，明世宗晚年，似亦有意于刷新政事，内阁所拟谕旨，他均亲自修改，但年事日高，国事日非，已处于无计可施的境地，这个在位长达四十五年的嘉靖皇帝还是带走了属于他的时代。临终遗诏第三子裕王朱载坖即位，是为明穆宗，改年号为隆庆。隆庆时代的开启，让人们似乎看到了新的希望。因为从明宣宗以后，明朝就一直没有成年皇帝即位，成年的隆庆皇帝似乎让人们又看到了"仁宣之治"的曙光。其时，张居正任礼部左侍郎兼东阁大学士，能够参与政事。隆庆二年（1568年），张居正就向明穆宗上了他著名的《陈六事疏》①，全面地阐述了他的治国主张和改革思想。

其一，张居正在《陈六事疏》中指出，治天下，"有大本，有急务"。所谓大本，就是"正心修身，建极以为臣民之表率者"；所谓急务，就是"审几度势，更化宜民者"。

其二，张居正上疏的主要目的在"救时"，在"更化"。

其三，张居正在肯定"我皇上践祚以来，正身修德，讲学勤政，惓惓以敬天法祖为心，以节财爱民为务，图治之大本，既以立矣"的同时，重点指出："近来风俗人情，积习生弊，有颓靡不振之渐，有积重难反之几，若不稍加改易，恐无以新天下之耳目，一天下之心志。"这才是张居正想要"改易"、解决的"救时"问题。

其四，张居正此时再次上疏，是在他认为自己已经"备位辅弼"，能够舒展心志的情况下进行的。

张居正所谓必须"稍加改易"的主要有以下六事：

第一，"省议论"，即禁绝空言，讲究实际。张居正论政事之弊，首先即曰"省议论"。他认为国家政治所以会出现问题，一个重要原因就是"顷年以来，朝廷之间议论太多，或一事甲可乙否，或一人而朝由暮跖，或前后不觉背驰，或毁誉自为矛盾，是非涌于唇吻，用舍决于爱憎，政多纷更，事无统纪"。他对此提出的解决方案是"为治不在多言，顾力行何如耳"。"今后各宜仰体朝廷省事尚实之意，一切章奏，务从简切，是非可否，明白直陈，毋得彼此推诿，徒托空言。其大小臣工，亦各宜秉公持正，以诚心直道相与，以勉修职业为务。反薄归厚，尚质省文，庶治理可兴，而风俗可变也。"

第二，"振纪纲"，即整肃风纪，严明法律。张居正认为，"救时"之方，首要在

① ［明］张居正著，张嗣修、张懋修编撰：《张太岳集》上，奏疏，卷1，《陈六事疏》。

加强中央集权，振兴纪纲。他指出："臣窃见近年以来，纪纲不肃，法度不行，上下务为姑息，百事悉从委徇。以模棱两可，谓之'调停'；以委曲迁就，谓之'善处'。法之所加，唯在于微贱；而强梗者，虽坏法干纪，而莫之谁何。礼之所制，反在于朝廷；而为下者，或越理犯分，而恬不知畏。陵替之风渐成，指臂之势难使。贾谊所谓'跖盭'者，深可虑也。"他希望君主亲自总揽法纪刑赏之权，"伏望皇上奋乾刚之断，普离照之明，张法纪以肃群工，揽权纲而贞百度。刑赏予夺，一归之公道，而不必曲徇乎私情；政教号令，必断于宸衷，而毋致纷更于浮议。法所当加，虽贵近不宥；事有所枉，虽疏贱必申。"

第三，"重诏令"，即令行禁止，提高效率。张居正指出："臣窃见近日以来，朝廷诏旨，多废格不行，抄到各部，概从停阁。或已题'奉钦依'，一切视为故纸，禁之不止，令之不从。至于应勘、应报，奉旨行下者，各地方官尤属迟慢。有查勘一事，而十数年不完者。文卷委积，多致沉埋。"这是极其严重的问题。

第四，"核名实"，即严明考课，选拔人才。张居正指出："臣闻人主之所以驭其臣者，赏罚用合而已。欲用舍赏罚之当，在于综核名实而已。"综核名实，加强考课，亦是当前治理之急务。

第五，"固邦本"，即轻徭薄赋，安抚民众。张居正说："盖安民可与行义，而危民易与为非"，"民为邦本，本固邦宁"。民是国家的根基，民生安否关系到国祚长短。他认为，自古以来，虽治世也难免"夷狄盗贼之患"。如果民生安乐，家给人足，虽有祸患，"而邦本深固，自无可虞"。反之，如果百姓"愁苦思乱，民不聊生"，一旦"夷狄盗贼"之祸起，国家必危。因此，张居正提出"致理之道，莫要于安民"，"以后上下唯务清心省事，安静不扰，庶民生可遂，而邦本获宁也"。通过安民生以固邦本，是长治久安之术。

第六，"饬武备"，即训练军队，严守边防。张居正指出："惟当今之事，其可虑者，莫重于边防；庙堂之上，所当日夜图画者，亦莫急于边防。""目前自守之策，莫要于选择边吏，团练乡兵，并守墩堡，令民收保。时简精锐，出其空虚以制之。虏即入犯，亦可不至大失。"只有"加意武备，整饬戎事"，"申严军政，设法训练"才是解决边备问题的根本出路。

张居正二十五岁时上《论时政疏》，而上《陈六事疏》的时候，已经是四十四岁了。二十年的宦海浮沉生涯，早已经让他的政治手段不再青涩，政治见识与主张也发生了天翻地覆的变化。他的议论已经摆脱少年文士的"激扬"习气，务实而又切中要害。他所陈的六事，前文已经说过，实际上就是论政本和论急务两大方面。

《陈六事疏》主张省议论、振纪纲、重诏令、核名实、固邦本、饬武备六个方面的改革，旨在整饬吏治，富国强兵，充分体现了张居正所崇信的申不害、商鞅、韩非的法治思想。他虽以儒术起家，但深谙当时政治弊病深重，知道以儒术不足以矫正，非用申、商法治猛药不可。所陈六事，大多切中时弊，而且切实可行。如果认真照此办事，朝政必可改观。

第一条到第四条是论政本。张居正主张明穆宗集权和独裁。张居正希望明穆宗有主张、有决断，一切的诏令要实现，一切的政策要贯彻，一切的议论要控制，真正实现君主集权的独裁政治。振纪纲、重诏令两条，是提高君主的地位；省议论一条，取缔一般的言论；核名实一条，在于完成独裁的机构。张居正歌颂成汤，歌颂秦始皇，歌颂明太祖朱元璋。他曾说过："三代惟商之规模法度，最为整肃，成汤、伊尹，以圣哲勇智，创造基业，其后贤圣之君六七作，故国势常强。"[1] 从《张太岳集·杂著》中，可以看到张居正期望明穆宗做成汤，他自己则担当起伊尹的责任。但是张居正的《陈六事疏》和当初嘉靖年间所上《论政事疏》的命运一样，没有达到应有的目的。因为事情再简单不过了，明穆宗不是成汤，不是秦始皇，不是明太祖、明成祖，也不是明世宗，他只是一个懦弱宽厚的君主，谈不上"总揽乾纲，独运威福"。或许，张居正憧憬明景帝任用于谦的故事。那时只要有一个负责的大臣，国家一样可以转危为安，但是隆庆二年（1568年），整个国家还在粉饰太平当中，明穆宗并不能像明景帝那样信任与重用张居正，而且内阁还有李春芳、陈以勤

---

① ［明］张居正著，张嗣修、张懋修编撰：《张太岳集》下，卷12，《杂著》。

这几位大臣，朝政大权也轮不到张居正掌控。等待，等待，张居正只有等待。他所得的只有朱批"览卿奏，皆深切时务，具见谋国忠恳，该部、院看，议行"寥寥数语。

但这次上奏不能说是没有一点成效。明穆宗批示后，都御史王廷议复"振纪纲、重诏令二事"①，析为八则，呈进后获准推行。兵部也议复饬武备事宜，一议兵，二议将，三议团练乡兵，四议守城堡，五议整饬京营，也获准推行。户部议复固邦本，提出财用应予整顿经理者十事，也获准推行。但首辅李春芳务以安静来称帝意，不想有所作为；次辅陈以勤则不置可否。这使张居正明白，只有在自己掌握大权后，才能施展抱负。

二、统治集团铁三角的形成

拥有权力是政治家施政的政治基础。不过单单拥有权力仍然不够，能够天时地利人和，取得各方利益集团支持者，才能够真正在治理国家上作出成就。明朝中后期，最高统治集团的决策层由皇帝、内阁首辅、司礼监掌印太监三方组成。国家政事往往先由内阁草拟意见，然后报送皇帝批准，最后由司礼监掌印太监用印后下发六部等各职能部门实施方算完成。万历初期，因为皇帝弱龄，皇权由其生母李太后代为管理。因为各种原因，司礼监掌印太监冯保，代摄皇权的李太后，都十分信任与依赖内阁首辅张居正，不对其进行权力压制。在明神宗亲政前，张居正不仅是政府领袖，而且暂时"摄"有了实际上的皇权。这是张居正改革能够令行禁止，取得成功的政治基础。在明中后期国家治理中，他之所以能够取得远远超越其他首辅的成就，根本原因正在于此。

① 《明史纪事本末》卷61，《江陵柄政》。

（一）冯保、张居正与高拱的争斗

隆庆六年（1572 年）五月二十六日，明穆宗朱载垕去世，遗诏中说：

> 朕以凉德，缵奉丕图，君主万方，于兹六载，夙夜兢兢，图惟化理，惟恐有辜先帝付托。乃今遘疾弥笃，殆不能兴。夫生之有死，如昼之有夜，自古圣贤其孰能免？惟是维体得人，神器有主，朕即弃世，亦复何憾。皇太子聪明仁孝，令德天成，宜嗣皇帝位。其恪守祖宗成宪，讲学亲贤，节用爱人，以绵宗社无疆之祚。内外文武群臣协心辅佐，共保灵长，斯朕志毕矣。
>
> 其丧礼悉遵先帝遗制，以日易月二十七日释服，毋禁音乐嫁娶。宗室亲王，藩屏是寄，不可辄离本国。各处镇守、巡抚、总兵等官，及都、布、按三司官员，严固封疆，安抚军民，不许擅离职守。闻丧之日，止于本处朝夕哭临三日，进香遣官代行。广东、广西、四川、云南、贵州及各布政司，七品以下衙门，俱免进香。诏谕中外，咸使闻之。①

六月初十，皇太子朱翊钧登基称帝，改明年为万历元年（1573 年），是为明神宗。万历初年，顾命大臣本当协心辅佐赞弼，不辜负明穆宗付托。然而顾命大臣之间却为了首辅之权而更加明争暗斗。首先是内阁元辅高拱与司礼监太监冯保的矛盾愈发尖锐。在这场较量中，明神宗朱翊钧站在冯保一边。当朱翊钧还是皇太子的时候，冯保就伴随着他，悉心照料，几乎形影不离。朱翊钧把他称为"大伴儿"或"冯伴伴"，视为亲信。其时，冯保身兼司礼监掌印太监与掌东厂太监，权势熏天，与高拱的矛盾不断激化。

隆庆六年六月初十，高拱上《特陈紧切事宜以仰裨新政事》疏，陈述新政所急五事。关于此事，《明史·高拱传》只写了一句话："拱以主上幼冲，惩中官专政，条奏请黜司礼，权还之内阁。"《嘉靖以来首辅传》对此事也是简单一笔带过："大指使

---

① 《明穆宗实录》卷 70，隆庆六年五月庚戌。

政归内阁而不旁落。"不过都点明了高拱上疏的用意所在。《明实录》关于此疏，也只是一个摘要，大大冲淡了高拱意在"惩中官专政"的微言大义。高拱自己写的《病榻遗言·矛盾原由》所载此疏，是全文，从中可以窥知高拱写此疏的良苦用心。他所要说的新政所急五事，内容大体如下：

其一，今后令司礼监每日将该衙门应奏事件，开一小揭帖，写明某件不该答、某件该答、某件该衙门知道了之类。皇上御门时收拾袖中，待各官奏事，取出一览，照件亲答。至于临时裁决，如朝官数少，奏请查究，则答曰：着该衙门查点其纠奏失仪者，重则锦衣卫拿了，次则法司提了问，轻则饶他，亦须亲答。

其二，今后乞命该监官查复旧规，将内外一应章奏，除通政司本外，其余尽数呈览，览毕送票，票后再行呈览，果系停当，然后发行。庶下情得通，奸弊可烛，而皇上亦得以晓天下之事。

其三，伏望于每二七日临朝之后，御文华殿，令臣等随入叩见，有当奏者就便陈奏，无则叩头而出。此外若有紧切事情，容臣等不时请见。其开讲之时，臣皆日侍左右，有当奏者即于讲后奏之。

其四，今后伏乞皇上，一应章奏俱发内阁看详拟票上进，若不当上意，仍发内阁再详拟上。若或有未经发拟径自内批者，容臣等执奏明白，方可施行。

其五，今后伏望皇上，干凡一切奏本，尽行发下，倘有未发者，容原具本之人仍具原本请乞明旨。[1]

高拱此疏之深意在于"请讪司礼权，还之内阁"[2]。紧接着，高拱唆使其门生故吏、给事中、御史上疏弹劾冯保，企图迫使冯保交权。

按照高拱的部署，首先发难的是以工科都给事中程文为首的一批言官。他们弹劾冯保"四逆六罪""三大奸"，罪名都骇人听闻，而且措辞毫不掩饰，直截了当，欲置冯保于死地，比如"不可赦"罪状第一条，便是"冯保平日造进诲淫之器，以

① 高拱：《病榻遗言》卷 1，《矛盾原由》。
② 《明史》卷 213，《高拱传》。

荡圣心；私进邪燥之药，以损圣体。先帝因以成疾，遂至弥留"。显然指冯保为害死明穆宗的元凶。第二条是冯保玩弄"矫诏"手段升任司礼监掌印太监。第三条是将穆宗遗嘱在穆宗死后以邸报方式公布，内中有要皇太子"依三阁臣并司礼监辅导"字句，一时人皆传抄，传遍四方。第四条是神宗登基典礼时，冯保在皇帝御座旁站立，是逼挟天子而共受文武百官之朝拜。其他还有耗国不仁、窃盗名器、贩鬻弄权、贪纵、荼毒、凌虐之类罪状。这些给事中要皇上"敕下三法司，亟将冯保拿问，明正典刑。如有巧进邪说，曲为保救者，亦望圣明察之"①。这前一句，不仅要把冯保罢官，而且要置他于死地；这后一句，含沙射影指向张居正，不使冯保有任何回旋的余地。

接着，便是吏科都给事中雒遵的弹劾。他指责冯保不过"一侍从之仆"，竟敢在皇上即位之日，立于御座之上，"文武群工拜天子邪，抑拜中官邪？"②因此，要求明神宗将冯保付之法司，究其僭横情罪，大置法典。

礼科都给事中陆树德等也在弹劾疏中谴责冯保，"刚愎自用，险恶不悛，机巧善于逢迎，变诈熟于窥伺，暴虐久著，贿赂彰闻"。他特别指出冯保成为司礼监掌印太监是个阴谋，五月二十六日卯时，先帝崩逝；辰时，忽传冯保掌司礼监。大小臣工无不失色，始而骇，既而疑；骇者骇祸机之隐伏，疑者疑传奏之不真。举相谓曰：果先帝意乎？则数日之前何不传示，而乃传示于弥留之后，是可疑也。因此他主张将冯保及其所引用亲信全部罢黜。

广西道监察御史胡涍也上疏弹劾冯保窥伺名器，原先掌司礼监印务的孟冲未闻革某用某令旨即被冯保取代。所传令旨出自冯保，臣等相顾骇愕。请皇上严驭近习，毋惑诡谀。

高拱为预防冯保将奏疏留中不发，事先要弹劾者上疏时，将副本以揭帖形式送

---

① 高拱：《病榻遗言》卷1，《矛盾原由》。
② 《明史》卷234，《雒于仁传》。

至内阁，一方面造成倒冯舆论，另一方面高拱正好"从中拟旨"[1]，驱逐冯保。

冯保虽然老谋深算，对嘉靖中叶以来朝中的权力斗争司空见惯，但如今言官肆意煽风点火，联手攻击自己，毕竟有点手足无措。他唯恐百官面奏皇上，局面难以收拾，便派亲信徐爵向张居正请教对策。张居正说："勿惧，便好将计就计为之。"张居正不愧是"深中多谋"之人，"耻居拱下，阴与保结为生死交，方思所以倾拱"[2]，于是抓住时机，利用高拱在明穆宗死后对内阁同僚说的"十岁太子如何治天下"一句话，到皇后、皇贵妃面前攻击高拱，说："拱斥太子为十岁孩子，如何作人主。"[3]遂使皇后、皇贵妃最终下了驱逐高拱的决心。六月十六日早朝，"皇后懿旨、皇贵妃令旨、皇帝圣旨：说与内阁、五府、六部等衙门官员，我大行皇帝宾天先一日，召内阁三臣在御榻前，同我母子三人亲受遗嘱。说：东宫年小，要你们辅佐。今有大学士高拱专权擅政，把朝廷威福都强夺自专，通不许皇帝主管。不知他要何为？我母子三人惊惧不宁。高拱便著回籍闲住，不许停留。你们大臣受国家厚恩，当思竭忠报主，如何只阿附权臣，蔑视幼主，姑且不究。今后都要洗心涤虑，用心办事，如再有这等的，处以典刑。钦此。"[4]事情的变化大大出乎高拱的预料。事情来得太突然，而且已经无法挽回，当高拱接到"回籍闲住，不许停留"的旨意后，已经知道一切无法挽回，于是在次日即离京返乡。卧病在家的高仪，听到高拱"回籍闲住"的消息后，大惊失色，担心牵连到自己，忧心忡忡，病情加剧，呕血三日而死。三位顾命阁臣，一逐，一死，剩下张居正一人，理所当然地成为内阁元辅。[5]

（二）最高统治集团铁三角的形成

高拱被逐后，六月十九日，明神宗朱翊钧单独召见张居正请教政事。张居正告

---

[1] 《明史》卷213，《高拱传》。

[2] 《定陵注略》卷1，《逼逐新郑》。

[3] 《明史》卷305，《冯保传》。

[4] 高拱：《病榻遗言》卷1，《矛盾原由》。

[5] 参见樊树志著：《万历传》，人民出版社1993年版，第17—32页。

诉明神宗先以安定政局为重，"方今国家要务，惟在遵守祖宗旧制，不必纷纷更改。至于讲学亲贤，爱民节用，又君道所当先者，伏望圣明留意。"① 这是张居正作为元辅第一次向明神宗陈明施政纲领及辅佐宗旨。张居正是个沉深有城府、人莫能测的政治家，在不确定太后与皇帝的真实想法之前，他是不会急躁冒进的。

万历元年（1573年），注定是张居正时代的开启标志。其时，明王朝的金銮宝殿上虽然坐着的是一个十岁的少年皇帝明神宗，但这个少年皇帝的背后却有三个决定国家命运走向的人物：李太后、张居正和冯保。这三个人对小皇帝明神宗来说，都是非常重要之人。一个是他的亲生母亲，一个是集老师、内阁首辅于一身的辅政重臣，另一个则是陪他从小长大，曾时刻跟随着他，伺候他的"大伴儿"。除了张居正，李太后和冯保都是小皇帝十岁前非常亲密的人。张居正虽然已经扳倒了高拱，坐上大明内阁首辅的宝座，但并非万事俱备只欠东风。他如想要在政治上取得成就，实现抱负，就必须取得李太后与司礼监掌印太监冯保的支持。

事实上，对于李太后及小皇帝朱翊钧，张居正早就抛出了橄榄枝。早在明穆宗隆庆二年（1568年）春，张居正就以内阁辅臣身份，向明穆宗上《请册立东宫疏》，建议及早册立朱翊钧为皇太子。

张居正说，当初他在裕王府邸时，就知道皇子聪明岐嶷，睿质凤成。皇上登基之初，礼部官员就曾疏请册立皇太子，而皇上以为皇子年幼，拟先赐名而后再册立。本朝早立皇太子不乏先例，明宣宗于宣德三年（1428年）立英宗朱祁镇为皇太子，时年二岁；明宪宗于成化十一年（1475年）立孝宗为皇太子，时年六岁；明孝宗于弘治五年（1492年）立武宗朱厚照为皇太子，时尚未满岁。现在皇子已六岁，伏望皇上于今春吉旦，早立储宫之位，以定国本，以慰群情。这一建议被明穆宗所采纳："奉御批：礼部本上，允行。"② 就这样，隆庆二年三月初八，朱翊钧顺利地被册立为皇太子。经过这件事情，张居正与皇太子朱翊钧及其生母当时的李贵妃之间已经建

① 《明神宗实录》卷2，隆庆六年六月癸酉。

② ［明］张居正著，张嗣修、张懋修编撰：《张太岳集》上，奏疏，卷1，《请册立东宫疏》附御批。

立起了信任与同盟的关系。万历初年高拱被休致回籍后，张居正更是成为明神宗母子二人倚重与信赖的对象。

至于冯保，当初想当上司礼监掌印太监，需要除掉司礼监掌印太监孟冲，而孟冲是高拱的人。张居正想当上首辅，需要除掉内阁首辅高拱，可高拱又深受明穆宗宠信。不管是冯保还是张居正，凭他们的一己之力，都很难实现他们的权力野心。可当他们二人的力量合成一股力量，便能各取所需。正是在张居正的密谋策划下，冯保最终坐上了司礼监掌印太监的宝座。对张居正，他是既感激又佩服，加上张居正极尽牢笼之能事，二人在万历年间的政治同盟关系也几乎是牢不可破。

这样，至万历初年，明王朝最高统治集团的铁三角同盟关系彻底形成。皇权在李太后及明神宗手中；批红权掌握在"内相"冯保手中；票拟权则操纵在以张居正为首的内阁手中。因为信任与支持以及其他各种复杂的因素，铁三角的核心人物实际上是内阁首辅张居正。这为接下来张居正顺利实施他的治国理政举措奠定了牢固的政治基础。张居正的改革时代从此开始。

三、核名实与课吏职

高拱被逐后，张居正成为内阁元辅。从隆庆六年（1572年）六月到万历三年（1575年）八月，同在内阁与张居正共事的，仅吕调阳一人。其后，阁臣虽先后增加了张四维、申时行、马自强。但是，迄万历十年六月张居正去世，朝廷大事无一不由张居正一人掌控，其他阁臣皆无实权。

万历初期，皇太后与明神宗放手让张居正掌权理政，所谓"中外大柄悉以委之"。对于这种殊遇，张居正十分感动，也十分激动。他决心抓住这个千载难逢的机遇实现自己治国理政的抱负。这种心情在万历五年八月他给明神宗上的《纂修书成辞恩命疏》中可以看得十分清楚。在上疏中，张居正向明神宗表白他为了新政不惜鞠躬尽瘁的内心世界，他说：

　　臣以羁单寒士，致位台鼎。先帝不知臣不肖，临终亲握臣手，属以大事。及遭遇圣明，眷倚弥笃。宠以宾师之礼，委以心膂之托。渥恩殊锡，岂独本朝所无，考之前史，亦所希观。每自思惟，古之节士感遇知己，然诺相许，至于抉面碎首而不辞，既已存亡死生矣，而犹不矜其能，不食其报，况君臣分义，有不可逃于天地之间者乎？用是盟心自矢，虽才薄力孱，无能树植鸿巨，以答殊眷。惟于国家之事，不论大小，不择闲剧，凡力所能为，分所当为者，咸愿毕智竭力以图之。嫌怨有所弗避，劳瘁有所弗辞。惟务程功集事，而不敢有一毫觊恩谋利之心。①

　　为了贯彻自己在《论时政疏》《陈六事疏》中所描绘的新政主张，张居正当仁不让，"帝虚己委居正，居正亦慨然以天下为己任"②。他不遗余力，遵循申、韩法治思想，综核名实，信赏必罚，雷厉风行，大刀阔斧，"扫除廓清，大破常格"，无所顾忌。其一往无前的政治家魄力，不尚空谈躬行实践的施政绩效，在明代历史上罕有其匹。正如王世贞所言："居正之为政，大约以尊主权、课吏实、明赏罚、一号令，万里之外，朝下而夕奉行，如疾雷迅风，无所不披靡。"③

　　在李太后与明神宗的大力支持下，万历新政从政治改革入手，渐次展开。

　　万历新政是从集中精力整饬政治，改变颓风，更新官场不作为气象开始的。

　　张居正在政治方面的改革是以整顿吏治为重点，目的是加强中央集权，提高朝廷办事效率，以改变明王朝长期积存下来的文恬武嬉、政务懈怠的现象。在张居正看来，吏治败坏是造成"国匮民穷"的重要原因。他说："自嘉靖以来，当国者政以贿成，吏胺民膏以媚权门，而继秉国者又务一切姑息之政，为逋负渊薮，以成兼并

---

① ［明］张居正著，张嗣修、张懋修编撰：《张太岳集》上，奏疏，卷5，《纂修书成辞恩命疏》。
② 《明史》卷213，《张居正传》。
③ 《嘉靖以来首辅传》卷7，《张居正传》。

之私。私家日富，公室日贫，国匮民穷，病实在此。"① 官吏是连接君权与百姓的桥梁，吏治好坏直接影响政治秩序的稳定与民心的取向。据此，张居正提出"致理之道，莫急于安民生；安民之要，惟在于核吏治"②，将整顿吏治作为施政的核心。

隆庆六年（1572 年）七月，张居正代明神宗拟写了对文武群臣的戒谕。他在向明神宗说明其宗旨时，这样写道："人心陷溺已久，宿垢未能尽除，若不特行戒谕，明示以正大光明之路，则众心无所适从，化理何由而致？"③

七月十六日早朝，明神宗特召吏部官捧出戒谕宣读，对目前吏治败坏的现象提出了批评，表示了朝廷欲廓清的决心，并警告群臣：

> 若或沉溺故常，坚守途辙，以朝廷为必可背，以法纪为必可干，则我祖宗宪典甚严，朕不敢赦。百尔有位，宜悉朕怀，钦哉故谕。④

张居正凭借内阁元辅代帝拟旨的职权，把自己"大事芟除，廓清氛浊"的思想变成了明神宗的旨意，告诫各级官员"崇养德望"，"砥砺廉隅"。在造成了整饬吏治的气氛以后，张居正在万历元年（1573 年）六月，正式提出整顿吏治的有力措施——考成法。

在中国古代传统的官僚政治时代，政府职能的运作，在很大程度上仰赖于公文的传递与处理，一言以蔽之，那是一种公文政治，极易滋生官僚主义、文牍主义、形式主义、不作为主义等弊端。例如：六部、都察院有复奏，而发至地方巡抚、巡按复勘时，地方官或是考虑到事情不易行，或是有所按核，或是两方各执一词要加以对质，大多以私相轧，扣押公文，拖延至数十年而不决，终于不了了之，搁置起来成为一堆废纸。这种情况，到明中后期时，已经十分严重。更严重的是，张居正

---

① ［明］张居正著，张嗣修、张懋修编撰：《张太岳集》中，书牍，卷 6，《答应天巡抚宋阳山论均粮足民》。

② ［明］张居正著，张嗣修、张懋修编撰：《张太岳集》上，奏疏，卷 3，《请定面奖廉能仪注疏》。

③ ［明］张居正著，张嗣修、张懋修编撰：《张太岳集》上，奏疏，卷 2，《请戒谕群臣疏》。

④ ［明］张居正著，张嗣修、张懋修编撰：《张太岳集》上，奏疏，卷 2，《请戒谕群臣疏》。

执政伊始，他所面临的是一个"人心怠玩，法纪废弛"①的纪纲紊乱的糟糕局面。

有鉴于此，张居正检讨了近年来各级衙门章奏中反映出来的种种积弊："章奏繁多，各衙门题覆，殆无虚日，然敷奏虽勤，而实效益少。"例如："言官议建一法，朝廷曰可，置邮而传之四方，则言官之责已矣，不必其法之果便否也"；"部臣议厘一弊，朝廷曰可，置邮而传之四方，则部臣之责已矣，不必其弊之果厘否也"。又如："某罪当提问矣，或碍于请托之私，概从延缓"；"某事当议处矣，或牵于可否之说，难于报闻"；"征发期会，动经岁月。催督稽验，取具空文。虽屡奉明旨，不曰'着实举行'，必曰'该科记着'"。因此，"上之督之者虽谆谆，而下之听之者恒藐藐"。张居正对此种官场不作为的冗风极为不满，他甚至引用民间鄙谚加以比喻："姑口顽而妇耳顽"，"今之从政者，殆类于此。欲望底绩而有成，岂不难哉！"②

国家行政萎靡不振到这种地步，不整顿还当了得！

张居正还提到，隆庆年间他写的《陈六事疏》，内有"重诏令"一款，曾对此有所议论。随后吏部发文，欲各衙门皆立勘合文簿，下达各地巡抚、巡按官，公文处理皆明立程限，责令完报。但是，没有听说各衙门有如期执行者，仍寝格如初。对于这种积重难返的官场积弊，张居正忍无可忍，认为是违反《大明会典》所规定的祖宗成宪。因此，必须制定一种明确可行又易于检查监督的管理制度，这就是他治理官吏不作为的猛药——考成法。

万历元年（1573 年）十一月，张居正上疏明神宗，提出对官员实施考成法。

考成法就是从重臣开刀，从上到下整治朝臣争权夺势、玩忽职守、拖拖沓沓的腐败作风。张居正说，朝野之所以泄沓成风，政以贿成，民不聊生，皆因"吏治不清"。因而必须用"课吏职"对朝臣进行政绩考核，优胜劣汰。比如说，六部和都察院对官员本职工作中需要解决的事，必须定下解决期限，也就是立下保证，保证在

---

① ［明］张居正著，张嗣修、张懋修编撰：《张太岳集》，附录《请申严巡禁疏》。
② ［明］张居正著，张嗣修、张懋修编撰：《张太岳集》上，奏疏，卷 3，《请稽查章奏随事考成以修实政疏》。

规定时间内解决问题。而这份保证，必须分别登记在三本账簿上，一本由六部和都察院留底，另一本送去六科，最后一本则要呈给内阁，以便于层层监督和考核。对于多长时间进行一次检查考核，考成法也有严格规定。例如，六部和都察院逐月根据账簿登记进行检查，未兑现承诺者，必受重罚；六部和都察院每半年将执行情况汇总给六科，由六科根据原始登记情况与汇总过来的执行情况进行对比，发现未兑现承诺，且未受到处罚者，不管是处罚人还是被处罚人，都将受到严惩；六科每年上报内阁一次，内阁再根据原始登记与六科上报的执行情况做对比，违反者不仅要严惩，而且还会影响其升职和俸禄的发放。

当然，六科内部也要按月、按旬进行考核，赏罚分明。对六科的考核由内阁进行。简单来说就是"打铁还需自身硬"，六部、都察院、六科、内阁等权力中心部门必须严格要求自己。

这种制度一旦制定，且严格执行，便能有效避免官官相护，也能提高各部门的办事效率。

考成法规定，凡六部、都察院将各类章奏及圣旨，转行给各该衙门，都事先酌量路程远近、事情缓急，规定处理程期，并置立文簿存照，每月底予以注销。除通行章奏不必查考者之外，其他转行覆勘、提问议处、催督查核等公文，另造处理文册两本，注明公文内容提要及规定处理程限，一式二份，一份送六科注销，一份送内阁查考。六科据此逐一候查，下月陆续完销。上下半年各总结汇查一次，类查簿内事件有无违限未予注销。如有耽搁拖延，即开列上报，并下各衙门诘问，责令其讲明原委。次年春夏季再次通查上年未处理完的事件，秋冬二季也照此进行，直到查明完销为止。如有不照此规定执行的衙门、官员，必加追究。巡抚、巡按拖延耽搁，由六部举报；六部、都察院在注销文册时容隐欺蔽，由六科举报；六科缴本具奏时容隐欺蔽，由内阁举报。如此，月有考、岁有稽，使声必中实，事可责成。

这样就形成了一个考成系统：以内阁稽查六科，六科稽查六部、都察院，六部、都察院稽查巡抚、巡按。确立起一个健全的行政及公文运作系统。在这个系统中最关键的是六科。所谓六科，原本是朱元璋在废除宰相后为监督六部而创设的一个衙门机构，是指设立于洪武六年（1373 年）的吏、户、礼、兵、刑、工六科，各设给事中，辅助皇帝处理章奏，稽察驳正六部之违误。六部尚书是二品衔，六科都给事中仅七品衔，但对六部的封驳、纠劾权却操在六科手中，以小官钳制大官，以六科监察六部，这是明朝的创制。张居正则把六科的这种职能予以扩大，并且直接向内阁负责，成为内阁控制政府各部门的重要手段，这实际上是恢复了秦汉时期的宰相权力。张居正任内阁首辅时期，他的权力甚至大过中国历史上任何一朝的宰相，有点类似周公摄政的状态。

张居正曾经说过："臣等窃闻尧之命舜曰：'询事考言，乃言底可绩。'皋陶之谕治曰：'率作兴事，钦哉！屡省乃成。'盖天下之事，不难于立法，而难于法之必行；不难于听言，而难于言之必效。若询事而不考其终，兴事而不加屡省，上无综核之明，人怀苟且之念，虽使尧舜为君，禹皋为佐，恐亦难以底绩而有成也。"[①] 现在他创制了，这是他有名的考成法。根据这种考核办法，事情开始变得简单而易行，他只要各衙门分置三本账簿。一本记载一切发文、收文、章程、计划，这是底册。在这许多项目之中，把例行公事无须查考的概行剔除以外，再同样造成两本账簿：一本送各科备注，实行一件、注销一件，如有积久尚未实行，即由该科具奏候旨；一本送内阁查考。张居正的综核名实，能够扫除万历初年官场积存的拖沓之风，最得力的还是这三本账簿。考成法一个最大的好处就是通过有效的层层监督网络，用几个小公文簿理顺了政事，不用花费很大气力就能使政令顺利推行。

张居正是一个务实的政治家，他知道政务不畅不是机构的缺乏，所以他不主张增加新的行政机构。他也知道公文政治不能打倒公文政治，所以他不主张提出新的法令、章程，增加纸笔的浪费，他只要清清白白的一个交代。办法在纸上说过了，究竟办到没有，他要在各科的账簿上切实注明。在内阁里，他自己也有账簿，可以随时稽考。他以六科控制六部，再以内阁控制六科，这样大权就归于内阁。过去六

① ［明］张居正著，张嗣修、张懋修编撰：《张太岳集》上，奏疏，卷 3，《请稽查章奏随事考成以修实政疏》。

部和六科都对皇帝负责，现在内阁要先控制六科并通过六科控制六部，内阁就行使了一部分皇权，因此这一时期内阁也是明代权力最大的时期——这就是张居正的政治系统。①

明神宗对这种考核官员的标准完全同意，他在张居正的奏疏上批示道：

> 卿等说的是，事不考成，何由底绩？这所奏，都依议行。其节年未完事件，系紧要的，着该部院另立期限，责令完报。若不系钱粮紧要及年远难完的，明白奏请开除，毋费文移烦扰。②

皇帝批准后，新政大权集于内阁，于是张居正政令必责实效，从六部到地方政府，办理公文，必须按时查考，所谓月有考、岁有稽，以求法之必行，言之必效，朝下令而夕奉行，政体为之肃清。

考成法推行的效果究竟如何？

从《明史》的记载来看，考成法确实起到了整肃官场风气、提高行政效率的作用。自考成法实施后，官吏"一切不敢饰非，政体为肃"③，从而为肯干事、会干事、巧干事、能干事的清廉能臣脱颖而出提供了环境和机会，也使愚懒平庸甚至贪赃枉法的污吏无所遁形。张居正在严格业绩考核的基础上，大刀阔斧裁汰冗员，提拔或破格提拔了一批忠诚于朝廷、有真才实学的官员，故世称居正知人。

据万历六年（1578 年）正月户科给事中石应岳等人的报告，"自考成之法一立，数十年废弛丛积之政，渐次修举。今逾岁终，例当纠举。臣等节据吏部等衙门开报……逐款稽查，共一百三十七事，计抚按诸臣胡执礼、郑国仕等七十六员，完报俱属愆期，法当参奏。但其中接管有先后，历任有深浅，伏乞圣明区别多寡，量加罚治一二"。明神宗批复："这各官且饶这遭。今后查参考成，还要分别在任久近议

---

① 参见朱东润著：《张居正大传》，湖南人民出版社 2013 年版，第 146、147 页。
② ［明］张居正著，张嗣修、张懋修编撰：《张太岳集》上，奏疏，卷 3，《请稽查章奏随事考成以修实政疏》。
③ 《明史》卷 213，《张居正传》。

罚。"①可见考成法的实施是认真的，有成效的。不过也可以看到，在一百三十七件中有七十六人愆期，比例超过一半，说明明代中期官场拖沓风气已经是积重难返，骤然皆绳之以法，必然是一场政坛大地震，谈何容易！在传统政治中，官僚主义、文牍主义、形式主义、拖沓风气是顽固而保守的陈年积习，只能限制，难以铲除。无论监察部门议建一法，抑或行政部门议厘一弊，习惯程序是：写一公文，上报朝廷，获得批准后，通过邮递部门传之四方，便算大功告成。至于各衙门是否照办，办得成效如何，根本不闻不问。于是，一批批公文从京师发出，经过长途跋涉的公文旅行，进入各级衙门以后，便束之高阁，一一归档，并不着实奉行。因循，积习，年久日深，政治效率必然是严重下降。张居正欲要扫除廓清，严加整顿，给各级官僚施加压力，不得再像往昔那样混日子不作为，其阻力之大固不待言。

从宏观视角来看，考成法只是张居正整顿吏治的一个方面。他按照综核名实、信赏必罚原则，强调公铨选、专责成、行久任、严考察的原则施行对百官的考察。

所谓"公铨选"，是官员的用舍进退，一以功实为准，不徒炫虚名，不尽拘资格，不摇之毁誉，不杂之爱憎，不以一事概生平，不以一眚掩大节。张居正用人先求其平淡，而后求其聪明，以能办事为主，不计较其他，故才路大开，不觉人才匮乏。事实上，万历初期，无论文臣还是武将，都是人才辈出，硕果累累。

所谓"专责成"，是既用一人，便假以事权，俾得展布；勤加指导，俾可成就；笃于信任，俾免沮丧。人臣能具诚担任，是国家之宝，能够荐达、保护，即使蒙嫌树怨，亦所不避。

所谓"行久任"，是官员必须久任，才能熟习事理，善于行政，否则，事之成效难见，贤否难分，无从综核名实。他反对官不久任，事不责成，更调太繁，迁转太骤，资格太拘，毁誉失实。

所谓"严考察"，是定期考察或随事考成或探访告诫。定期考察即一定期限届满时，考察官员政绩，以定升降去留。京官六年一考察，外官三年一考察，谓之京察、

————————

① 《明神宗实录》卷71，万历六年正月乙巳。

外察。随事考成即对于每件公事要限期办完，不得拖延推诿。探访告诫即对中外大臣之奏报是否符合事实，必加以探访，以减少官样文章，隐瞒不报，或奏报不实，严加惩处。在张居正的扫除廓清、打破常格的政治革新中，造成了一种雷厉风行的氛围，大小臣工，鳃鳃奉职，中外淬砺，莫敢有偷心。这应该说是了不起的成功。[①]

此外，对当时官场中沿袭成风的假公济私、章法混乱、有章不循的政治壅塞状况，张居正也大刀阔斧地进行整顿与改革。以驿递的改革为例，驿递是明王朝的一种交通制度。从京师到各省的交通干线上都设有驿站。驿站中的车、马、驴、船等交通工具都征自民间，马夫、船夫也派自民间。明初只有军国大事才能使用驿站，后来几乎各级官吏都可以使用。他们到驿站后又任意勒索，驿递制度渐渐地成为一项扰民的苛役。万历三年（1575年），张居正提出了整顿驿递的方案，对勘合的发行、管理及驿站的使用章程等重新进行了规定。张居正针对驿递害民的状况，对驿递制度进行了整顿，严格"勘合"的发放制度。官员不是公事，则一律不能使用驿站。各地官员不许托故远行参谒，官员丁忧、给由、升转、改调、到任均不能使用驿站。同年，张居正又规定自京师出差外省者，回京之日须缴还勘合；无须回京者，即将勘合缴至所到省之抚、按衙门，年终一并回讫兵部。有自外省入京者，则由各省抚、按衙门签发外勘合，至京后一并交兵部，其中要回省者，再由兵部另行颁发内勘合。张居正对驿递制度的整肃，由于有考成法的监督约束，推行顺利，既减轻了交通干线百姓之苦，又相应澄清了腐败的吏风。张居正本人更是身体力行，首先从自己做起。他的儿子回江陵应试时，他吩咐儿子自己雇车上路；父亲过生日，他打发仆人背着贺寿礼品，骑驴回家祝寿。万历八年，其弟居敬病重，返乡里调养，保定巡抚张卤发给勘合，张居正当即封还，并致函云："仆忝在执政，欲为朝廷行法，不敢不以身先之……望俯谅鄙愚，家人往来，有妄意干泽者，即为擒治，仍乞示知，以便查处，勿曲徇其请，以重仆违法之罪也。"[②]体现了作为政治家的张居正秉公执法、严

---

① 参见樊树志著：《万历传》，人民出版社1993年版，第80—84页。
② ［明］张居正著，张嗣修、张懋修编撰：《张太岳集》中，书牍，卷12，《答保定巡抚张浒东》。

于律己的为政品格。

张居正在政治上的改革，对当时腐败无作为的官场风气，无疑是吹进了一股清新之风，对整个社会改革也产生了重要的推动作用。他在执政期间，能够较为顺利地推行其一系列社会改革计划并取得卓著的政绩，首先得力于他对吏治严肃而认真的整治。历史的经验证明，凡属真正卓有成效的社会改革运动，如果没有相应的吏治改革，结果往往是无法奏效。

四、禁私学和抑异说

为了革新政治，育养人才，万历三年（1575 年）五月，张居正向明神宗进《请申旧章饬学政以振兴人才疏》，比较完整地阐述了他的整顿教育及文化领域的主张。

首先，他指出了督学之臣的重要性。他说："窃惟养士之本，在于学校；贞教端范，在于督学之臣。我祖宗以来，最重此选。非经明行修、端厚方正之士，不以轻授；如有不称，宁改授别职，不以滥充。"

其次，他批评了"督学之臣"所存在的不正之风。然"近年以来，视此官稍稍轻矣，而人亦罕能有以自重。既无卓行实学，以压服多士之心，则务为虚谭贾誉，卖法养交。甚者，公开幸门，明招请托。又惮于巡历，苦于校阅，高座会城，计日待转。以故士习日敝，民伪日滋。以驰骛奔趋为良图，以剽窃渔猎为捷径。居常则德业无称，从仕则功能鲜效。祖宗专官造士之意，驯以沦失，几具员耳"①。

最后，他充分看到了廓清此弊端的困难性。冰冻三尺非一日之寒。有些是传统旧习，有些是时代熏陶，要想凭一时之努力，有所厘革，有所整顿，扫除廓清，是很困难的。"良以积习日久，振蛊为艰；冷面难施，浮言可畏。奉公守法者，上未必即知，而已被伤于众口；因循颓靡者，上未必即黜，而且博誉于一时。故宁抗朝廷

---

① ［明］张居正著，张嗣修、张懋修编撰：《张太岳集》上，奏疏，卷4，《请申旧章饬学政以振兴人才疏》。

之明诏，而不敢挂流俗之谤议；宁坏公家之法纪，而不敢违私门之请托。"张居正感慨系之地一言以蔽之："盖今之从政者，大抵皆然，又不独学校一事而已！"① 对今之从政者能作如此这般估价，洞察力是深刻的，鞭辟入里，惊世骇俗。这是张居正实施新政的出发点，无怪乎他一再强调要矫枉过正，实在是积习太深，不过正就不能矫枉。

为了整顿教育，张居正上奏《请申旧章饬学政以振兴人才疏》，提出十八条规章。明神宗接到此疏，很快就于同年五月初三给予了批复，表示赞同，他指出："学校人才所系，近来各提学官不能饬躬端范，精勤考阅，只虚谭要誉，卖法市恩，殊失祖宗专官造士之意。卿等所奏俱深切时弊，依拟再行申饬。所开条件一一备载，敕内着实遵行。有仍前违怠旷职的，吏部、都察院务要指实考察奏黜，不许徇情。"②

在上疏十八条中，张居正所提出的第一条最为关键。"禁私学，抑异说"本就是张居正集中权力推行新政的重要步骤。

在《辛未会试程策二》中，张居正论政事之弊有四：一曰"病在积习"；二曰"病在纪纲"；三曰"病在议论"；四曰"病在名实"。其中之一曰"病在议论"。大臣们往往坐议空谈，"一事未建，而论者盈庭；一利未兴，而议者踵至"③。他们指论朝政，又不务实事，无所作为。张居正认为，形成这种现象的根源在于其由来已久的学风不正。"自孔子没，微言中绝。学者溺于见闻，支离糟粕，人持异见，各信其说，天下于是修身正心、真切笃实之学废，而训诂词章之习兴。"虽"有宋诸儒，方诋其弊。然议论乃日以滋甚"。学风影响政风，不容忽视。要想扭转尚空论、不务实的颓败现象，必须从整顿学风入手，"学术之敝，必改而新之，而后可久也"④。那么如何更改呢？张居正提出了一个总方针，这即是"学以致用"。

---

① ［明］张居正著，张嗣修、张懋修编撰：《张太岳集》上，奏疏，卷4，《请申旧章饬学政以振兴人才疏》。
② ［明］张居正著，张嗣修、张懋修编撰：《张太岳集》上，奏疏，卷4，《请申旧章饬学政以振兴人才疏》。
③ ［明］张居正著，张嗣修、张懋修编撰：《张太岳集》下，文集，卷10，《辛未会试程策二》。
④ ［明］张居正著，张嗣修、张懋修编撰：《张太岳集》下，文集，卷3，《宜都县重修儒学记》。

张居正说："学不究乎性命，不可以言学；道不兼乎经济，不可以利用。"[①] 他肯定了宋元以来性命之学的"下学"工夫，认为"学不本诸心，而假诸外以自益，只见其愈劳愈敝也矣"[②]。但是，性命之学必须与"经济"相贯通，用之于社会政治实践，这才是为学的根本价值所在。对于儒生们来说，所谓"经济""致用"就是忠于君主，为君主所用，除此而外别无他途。张居正说："《记》曰：'凡学，官先事，士先志。'士君子未遇时，则相与讲明所以修己治人者，以需他日之用。及其服官有事，即以其事为学，兢兢然求所以称职免咎者，以共上之命。未有舍其本事，而别开一门以为学者也。""仆愿今之学者，以足踏实地为功，以崇尚本质为行，以遵守成宪为准，以诚心顺上为忠。"张居正希望"今之学者"不妄自菲薄，诋毁前贤，尤其不可"相与造为虚谈，逞其胸臆，以挠上之法也"[③]。显而易见，张居正给文化教育、学术研究规定了严格的范围，"学以致用"意味着人们必须与君主政治及国家政令法规保持一致性，文化发展本身要符合统治阶级的根本利益。

为了制止空谈废业，堵塞奔竞之门，杜绝请托之路，张居正积极推行文化专制，力主禁学，明令规定：其一，"不许别创书院，群聚徒党，及号召他方游食无行之徒，空谭废业。"凡有违背，提学官并"游士人等"均予严办。其二，严格取士标准，禁止异端邪说，"炫奇立异者，文虽工弗录"。其三，严禁儒生干政。"天下利病，诸人皆许直言，惟生员不许，今后生员务遵明禁。"凡事不关己，"辄便出入衙门，陈说民情，议论官员贤否者"，提学官当将其革退。倘若情节严重，如聚众十人以上，骂詈官长，肆行无礼，则必予严惩。"为首者，照例问遣；其余不分人数多少，尽行黜退为民。"[④]

一般而言，专制政治不能容忍任何形式的批评、评价和参与，政治专制必然会导致文化专制。明初以来，君主专制的程度即不断加强，嘉靖时，禁毁私学已屡有发生。万历初期，张居正更是将文化专制推向极端。他认为臣属坤道，"坤道贵顺"，

① ［明］张居正著，张嗣修、张懋修编撰：《张太岳集》下，文集，卷9，《翰林院读书说》。
② ［明］张居正著，张嗣修、张懋修编撰：《张太岳集》下，文集，卷3，《宜都县重修儒学记》。
③ ［明］张居正著，张嗣修、张懋修编撰：《张太岳集》中，书牍，卷9，《答南司成屠平石论为学》。
④ ［明］张居正著，张嗣修、张懋修编撰：《张太岳集》上，奏疏，卷4，《请申旧章饬学政以振兴人才疏》。

臣的职守就是要"毕志竭力以济公家之事，而不敢有一毫矜己德上之心"①，这不仅表现在行为上，而且要体现在思想中。他推行的文化专制政策，就是要严格束缚人们的思想，约束人们的行动，以从文化思想上养成唯命是从的忠顺之臣，以利于他的新政的推行。

万历七年（1579年）正月，明神宗发布诏令："毁天下书院。"这个诏令，以一个叫施观民的人私创书院赃私狼藉为口实，不仅将他所创书院捣毁，而且明确宣布，各地方凡是私建书院，遵照皇祖明旨，都改为公廨衙门，书院的田粮查归里甲。此后，再不许聚徒游食，扰害地方。同年七月、十月，又重申此禁，明令不许创立书院，以杜绝"聚徒讲授，致滋奔竞嘱托之弊"②。从中不难看出，"不许别创书院，群聚徒党"的规定，并非官样文章。根据明神宗诏令，查毁应天等府书院六十四处，一律改为公廨衙门。这一措施当然是矫枉过正的，激起了众多儒生士人的反感。著名的何心隐事件便是一例。

何心隐，本名梁汝元，字夫山，江西永丰人。闻泰州学派王艮讲学，慨然以传道自任，师事颜钧。倡建聚和堂，延聘塾师教育乡族子弟。后更名为何心隐，游学南北，到处聚徒讲学，倡议朝政。这本已触犯了当时政府的规定，何况他还率性而为，在讲学时讥议朝政，更加违反了生员不许议论天下利病的规定，遂由此被湖广巡抚逮捕。史书记载此事说："江西永丰人梁汝元，聚徒讲学，讥议朝政。吉水人罗巽亦与之游。汝元杨言，江陵首辅专制朝政，必当入都，昌言逐之。首辅微问其语，露意有司，令简押之。有司承风旨，毙之狱。"③关于何心隐的死因，《万历野获编》说得更具体："时有江西永丰人梁汝元者，以讲学自名，鸠聚徒众，讥切时政……江陵恚怒，示意其地方官物色之。诸官方居为奇货。适曾光起事（按：指曾光散布妖言惑众事），遂窜入二人姓名，谓且从光反。汝元先逮至，拷死。"④当时著名的离经

---

① ［明］张居正著，张嗣修、张懋修编撰：《张太岳集》下，卷12，《杂著》。

② 《万历邸钞》，万历七年己卯。

③ 《明神宗实录》卷95，万历八年正月己未。

④ 《万历野获编》卷18，《大侠遁逸》。

叛道思想家李贽为此写了一篇纪念文章，对何心隐赞扬备至，对张居正颇多指责。他说："人莫不畏死，公独不畏，而直欲博一死以成名"；"公今已死矣，吾恐一死而遂湮灭无闻也。今观其时武昌上下，人几数万，无一人识公者，无不知公之为冤也。方其揭榜通衢，列公罪状，聚而观者咸指其诬……盖惟得罪于张相者，有所憾于张相而云然……而咸谓杀公以媚张相者之为非人也"①。何心隐之死是否冤屈，姑且不论。其实聚徒讲学、讥议朝政，便是他致死的根本原因。何心隐是心学传人，也曾帮助徐阶除掉了严氏父子。这些，张居正都知道。然而，何心隐又是各地学院的常客，更是那些妄议朝政者的心灵导师。因而，何心隐就成了张居正执掌朝政、加强中央集权的绊脚石。既然是绊脚石，张居正就一定会不留情面地除掉他。明朝政府在全国范围内兴办各级各类学校，目的有二：一是教化，即通过学校普及政府的法律法令，灌输封建道德思想；二是培养封建国家所需要的管理人才。但成化以后兴起的各地书院，却和政府办学的宗旨不同。虽然著名的书院均为在职或致仕官员所创，但他们建这些书院都是为了阐述自己的学说，乃致发表政见，这就自然和政府的意志相左。因此，作为内阁首辅，张居正要让心学为他的执政让路。因而，他上书明神宗，以"浮言可畏"为由，下诏查封学院，对妄议朝政的人进行严厉打击。这一事件从侧面反映出，张居正为了贯彻他的新政主张，严禁聚众讲学、空谈废业，是不遗余力的。而明神宗的全力支持，更使他无所顾忌，矫枉过正。

五、清查田亩和一条鞭法

张居正改革面临的最棘手的问题，是愈来愈严重的财政危机，主要表现在国家征粮田亩数在日益减少，赋税收入的来源在逐渐枯竭。从明初到隆庆五年（1571年），不足二百年，征粮田亩数减少一半，其他屯田、盐法的收入也亏损一半甚至十之七八。全国税收只能完成三成，拖欠的有七成之多，全年总收入二百五十万两，

---

① 李贽：《焚书·论说·何心隐论》。

支出要四百万两，赤字达到三分之一多。考成法施行后，情况有所好转。万历五年（1577 年）政府的收入比隆庆年间多出三分之一，财政危机得以缓和，改革在经济上已初见成效。但是张居正仍然怀有隐忧，因为依靠追缴欠税、督缴正赋，只能缓解一时之急，是治标不治本之术，并不能堵住逃税、漏税的源头，成效也不稳定。欠税补交了，不再欠了，但财政收入却没有相应的长远增长办法。根据万历七年户部《御览钱粮数目》的统计，万历五年国家收入总计四百三十五万余两，次年即下降为三百五十五万余两，一年即少收约八十万两，如此年复一年，又如何能保证国库有稳定的收入？张居正不无忧虑地指出，国家财政若无匮乏之虑，必须在三年收支中，有一年的积余。目前量入为出，已觉费力，没有足够的财力做后盾，一旦遇有灾荒或战乱，如何从容应对？从国家的财政储备做长远的考虑出发，张居正大刀阔斧地开始了他的经济改革：清丈田粮与推行一条鞭法。

（一）清丈田粮

节流安民，清源固本，想方设法增加国家财政收入，这是张居正经济改革所要解决的根本问题。

张居正的经济改革，以"清巨室，利庶民"，充实国库为原则。

万历新政是从政治改革入手，政治改革取得一定成效之后，才转入经济改革的。新政面对的是长期积累下来的国库空虚、民生疲敝的老大难问题，以综核名实、信赏必罚为原则，以严厉的考成法为手段的万历初期改革，虽然使国家财政有了明显的好转，但不能从根本上解决问题。

明王朝财政困难由来已久，远的姑且不说，嘉靖、隆庆年间国库年年亏空。以嘉靖七年（1528 年）到隆庆五年（1571 年）的情况为例来看，太仓银库岁出入银数比较的结果，没有一年盈余，全是亏空。参见下表[①]：

---

① 樊树志著：《万历传》，人民出版社 1993 年版，第 118 页。

年份	岁入银数（两）	岁出银数（两）	盈亏约数（两）
1528 年	1,300,000	2,410,000	亏 1,110,000
1548 年及以前数年	2,000,000	3,470,000	亏 1,470,000
1549 年	3,957,116	4,122,727	亏 165,611
1551 年	2,000,000	5,950,000	亏 3,950,000
1552 年	2,000,000	5,310,000	亏 3,310,000
1553 年	2,000,000	5,730,000	亏 3,730,000
1554 年	2,000,000	4,550,000	亏 2,550,000
1555 年	2,000,000	4,290,000	亏 2,290,000
1556 年	2,000,000	3,860,000	亏 1,860,000
1557 年	2,000,000	3,020,000	亏 1,020,000
1563 年	2,200,000	3,400,000	亏 1,200,000
1564 年	2,470,000	3,630,000	亏 1,160,000
1565 年	2,200,000	3,700,000	亏 1,500,000
1567 年	2,014,200	5,530,000	亏 3,515,800
1568 年	2,300,000	4,400,000	亏 2,100,000
1569 年	2,300,000	3,790,000	亏 1,490,000
1570 年	2,300,000	3,800,000	亏 1,500,000
1571 年	3,100,000	3,200,000	亏 100,000

无怪乎隆庆三年（1569 年）明穆宗向户部索银时，张居正对皇上大叹苦经：

臣等看得：祖宗朝国用、边饷俱有定额，各处库藏尚有赢余。自嘉靖二十九年，虏犯京师之后，边费日增，各处添兵添马，修堡修城，年例犒赏之费，比之先朝，数几百倍，奏讨请求，殆无虚日。加以连年水旱灾伤，百姓征纳不前，库藏搜括已尽。臣等备查御览揭帖，计每岁所入，折色钱粮及盐课、赃赎事例等项银两，不过二百五十余万，而一岁支放之数，乃至四百余万，每年尚少银一百五十余万，无从措处。生民之骨血已罄，国用之费出无经。臣等日夜忧惶，计无所出。①

在传统帝制时代，中国是一个农业国家，国家的财政主要是通过征收赋税来实现的。明初的赋税制度基本上是沿袭唐中叶以后的两税法，向土地所有者征收田税，按人头派差役，分夏秋两季征收，所以土地和户口是明王朝财政和劳动力的主要来源，这两者都要以相应的计量为前提。明初经过战争的重创，土地大量抛荒，人口成批逃亡，田地和人头都已失实，为此重新进行审核整顿，以户为主，登记造册，用黄册记载户口，鱼鳞册绘制田亩，详列丁口、田产及应负担的赋役，一式四份进行登记，分置各级官府，作为定额征收的根据。随着岁月的更替，田地和户口都有变化，因此每十年要重新编订一次，增删补漏，这是税收的主要来源。其他如鱼课、盐课、茶课、桑丝、药材等商品生产的税收都有定制。确切的人口和田亩，是国家税收与财政来源最稳定的保障。

两税法虽然使国家的财源有了保证，但在明中叶后，随着土地兼并的日益发展，民间的土地和户口逐渐集中至勋臣、贵戚和大地主手中。他们倚仗特权，贿赂官府，隐占人口，瞒田偷税，逃避差役。到万历朝前夕，法定的征粮田亩数比明初减少一半，户口减少三分之一强，大批的田地和户口流进权贵、豪强私家，使国家财源日渐衰竭，这是明中期财政危机的主要根源。国家财政收入不足支出，就用各种加派、加征的办法搜刮民众；为了供应日益增多的宗藩禄米和官员俸银，在定额的税收以外，又加"岁派"，其后又因宫室建筑的耗费再加"坐派"，各种苛捐杂税接踵而来。国家依靠加大税收来填补亏空，其结果是国愈匮、民愈穷，形成恶性循环，同时又加剧了社会矛盾。更重要的是，明中叶官场腐败、麻木不仁、纵容姑息、得过且过、尸位素餐的现象愈演愈烈，已经到了不整治就会难以收拾的地步。

面对明王朝日益严重的财政危机，统治集团内部的意见并不统一，有各种建议

① ［明］张居正著，张嗣修、张懋修编撰：《张太岳集》上，奏疏，卷1，《请停取银两疏阁中公本》。

和见解，张居正取得首辅地位后，在调查研究比较后认为：方今言理财者，纷纷纭纭，都没有触及问题的要害，要想真正解决问题，就必须从制止土地兼并，堵塞瞒产偷税的漏洞入手整顿，这可谓抓住了问题的实质。

因为从嘉靖以来，官员勾结豪门，"割上肥私"，主政者姑息养奸，"政以贿成"，在官员的纵容下，大量民田、人口被豪门侵吞，造成"私家日富，公室日贫"的后果。只有"杜绝贿门，痛惩贪墨"才能做到富国强兵。豪门行贿与官员受贿是一场权力与利益的买卖，有买才有卖，"买"在前，"卖"在后，是需求决定行为；再从另一面看，有卖方的诱惑，才有买方的趋之若鹜，所以行贿与受贿又是权钱交易的双生子，双双结胎于制度的裂缝。有缝隙可钻才有贿赂腐败的可能，如果把这门关死，使行贿者无缝可钻，使腐败者无从得逞，这就要堵塞由于制度的缺陷有可能造成的漏洞，并严加惩办贪官污吏，抑制兼并，这样才能使国家和民众上下受益。在此情况下，张居正就将"抑豪强，固邦本"作为长治久安之术。

中国传统社会本是权力统治财产的社会，它以层层相隶属的等级关系建构统治体制，一姓王朝取得统治，立即拥有对全国土地的支配权，皇室、亲王、贵戚、勋臣都能分享到土地。明初，朱元璋赐给王侯、贵戚、功臣诸多庄田，这是载入"金册"的土地，享有免征赋税和差役的特权。虽然在法律上规定赐田以外的私产并不享受这种优惠，但在明中叶后法制废弛，豪强权贵肆无忌惮地兼并土地，倚仗特权不交税纳粮，官府无可奈何，形成不成文的潜规则。这种潜规则之所以能通行无阻，是因为官员也享有同样的特权，他们按照各自的品级，免除一定数量的差役，不仅是在职官员的家属悉免徭役，连生员除本人免役外，户内也可优免二丁。明中叶后又发展成按品级免税粮，到明末一品大员可免税田一万亩，按序递减，最末的生员也能免交八十亩的税粮。虽然法制规定只是免役，但明代役法是"以民为役，以田制役"，田亩和丁口都可作为征役的对象，由优免田而获得优免粮，这就给以免役为名而行逃税之实留下缺口。实际上官绅与勋贵们一样无视朝廷法规，在优免田以外本应纳税的私产也能设法免征。利益的契合使政府官员与豪强权贵同流合污，三亲六眷都能沾光，一户势要之家获得优免权，投附者纷至沓来，冀图得到特权者的荫庇，当然，这是要付出代价的，那就是奉献自己的田产，由此形成"投献"之风，大片土地被权贵兼并。

明中期的投献之田，既有权贵强取豪夺的，也有百姓自愿奉献的。隆庆初年的首辅徐阶在家乡松江拥有田产二十四万亩，佃户上万人，家人数千名，"半系假借"，其中半数都是投献而来，这种情况在明末并不鲜见。为什么会出现一批批自愿投献者？这是因为明代的赋役愈来愈重，超过了一般农家所能承受的最大限度，因此，他们不得不投靠权贵得到荫庇，以避重就轻。这宁可向私家交租，也不愿向公家供赋役的现象，揭示了以朝廷为代表的政府利益与农民的矛盾已超出地主与农民的矛盾，实际上是朝廷的赋税政策把大批农民驱向权贵地主的一边。虽然不论是"公室"朝廷，还是"私门"权贵，都是地主阶级的代表，但他们都分属地主阶级的不同阶层，拥有各自的权益，即使代表地主阶级整体利益的朝廷，也会走向反面，扰乱权益分配的基本原则，迫使农民的生活难以为继，不得不另寻生路。如此，土地兼并，瞒产逃税，已成为危害国家利益和民众利益的最大祸害。

面对这样重大的社会弊病，张居正旦夕为念，他清醒地认识到，各地方税重差繁，无名之征过多，以致民穷财尽，反不能完成国家的赋税。对于豪强侵占民产、偷税逃役的种种恶行，官府不敢过问，反令下户贫民包赔。良民被逼无奈，有的逃亡，有的沦为盗贼，民间因此作乱不息，长期动荡。贪官污吏，田赋不均才是致乱之由。因此，在万历初期的改革中，张居正才会先将力行考成法作为重点，惩治贪官，整顿官府，打击不法权贵。

为了摆脱困境，张居正理财思想的宗旨在于开源节流双管齐下。他从汉武帝时代的理财家桑弘羊"民不益赋而天下用饶"的原则出发，提出"不加赋而上用足"的理财方针，但这必须由严格的考成法予以保证。他在给地方官的信中如此说："考成一事，行之数年，自可不加赋而上用足。""不加赋而上用足"是一个高明的治理之术，有别于那些只会通过加赋以足国用的庸才治理之术。张居正的不加赋而上用足，不是一句漂亮的门面语，而是有具体措施作为保证的，那就是"惩贪污以足民"，"理通负以足国"，两手并下，整治贪官污吏化公为私和打击势豪奸猾拖欠赋税，以裁抑他们的非法所得为手段，来增加国家的财政收入。

万历四年（1576 年）七月，张居正向明神宗上《请择有司蠲逋赋以安民生疏》，建议将明年春季的例行考核官员与蠲逋赋以安民生结合起来。

张居正指出，致理之要莫要于安民，欲安民又必加意于牧民之官。经过前几年的整顿，地方官莫不争自淬励，勉修职业。但是，虚文矫饰，旧习尚存；剥下奉上，以希声誉；奔走趋承，以求荐举；征发期会，以完簿书；苟且草率，以逭罪责等情况仍然存在。

针对上述情况，当明春外官考察之期，张居正希望明神宗特敕吏部，预先虚心访核各有司官贤否，以安静宜民为上考；沿袭旧套、虚心矫饰为下考。以此为标准，层层考核。如果抚按官不能悉心甄别属官贤否，而以旧套了事，那么抚按官便考定为不称职，吏部宜秉公黜革；如果吏部不能悉心精核，而以旧套了事，那么吏部官便考定为不称职，朝廷宜秉公更置。只有以这种态度，才能真正解决逋赋（拖欠赋税）问题。

张居正还指出，一方面，长期以来，势豪大户侵欺积猾，规避赋税，地方官皆畏纵而不敢过问，反将下户贫民责令包赔；另一方面，各级政府不能约己省事，无名之征求过多，以致民力殚竭，反不能完公家之赋。近几年来，因推行考成法，各级官员担心降罚，便不分缓急，一概严刑追并。更有甚者，又以资贪吏之囊橐，以致百姓嗷嗷，愁叹盈间。因此在整理逋赋的时候，还应注意对下户贫民的减免工作，"以苏民困"①。

七月初六，明神宗接到张居正的奏疏时，当天即就考成与逋赋二事批示吏、户二部："近来各地方官虽颇知守己奉法，然虚文粉饰旧习未除。今朝觐考察在迩，着吏部悉心访察各官贤否，惟以牧爱宜民者为最，其有弄虚文、事趋谒、剥下奉上以要浮誉者，考语虽优，必置下等，并抚按官一体论黜。近又闻各有司官催征钱粮不

---

① ［明］张居正著，张嗣修、张懋修编撰：《张太岳集》上，奏疏，卷5，《请择有司蠲逋赋以安民生疏》。

分缓急，一概严并，又畏纵富豪奸猾，偏累小民，致有流离失所者，朕甚悯之。今后除见年应纳钱粮不免外，其以前拖欠，着户部分别年月久近，分数多少，具奏蠲免。万历五年漕运粮米，暂行改折十分之三，以宽民力。各着实奉行。"[1]

由此可见，在理财思想方面，明神宗与张居正有很多共同点，都主张节省国家财政和宫廷财政的支出；强化户部的财政事务管理机能；打击势豪奸猾侵欺；解决地方的"民困"；等等。

不过，张居正也清楚，要从根本上解决国家财政问题，就必须正本清源，彻底消除田产失实、赋役不均的病根，对隐占田地者加以清理、追究，解除小民无辜赔偿之累，使民众安于田里才可以辑宁邦本。而这一切都有赖于重新清丈田地，按实有田亩征税。

国家向地主征田赋，田多的多征，田少的少征，按田亩的多少核算赋税，从法制上说是公平的，这也就是封建土地所有制的条件下均税的实质性内容。如果田多的纳税少，或田少的多纳税，甚至田地已被豪强占有，而田赋仍留在原田主的名下，造成田去税存的现象，这就会发生赋税不均的社会公害。清丈的出发点，就是要做到"粮不增加，而轻重适均，将来国赋既易办纳，而小民如获更生"。农民既为逃避赋税而投献，就要由受献者承担赋税，清丈查出隐占的土地，一律补交税款。

张居正对田赋的侵欺拖欠极为不满，认为此"姑息之政"仅仅仰赖考成的方法已难以解决，只有采取重新清丈田粮的重大举措才可完成。

张居正清丈田粮的主要目的在于"杜绝贿门，痛惩贪墨"；"查刷宿弊，清理逋欠，严治侵渔揽纳之奸，所以砭姑息之政"[2]，增加国家的财政收入。

对于清丈田粮的困难性，张居正也有深刻的认识。他说："丈田一事，揆之人

---

① ［明］张居正著，张嗣修、张懋修编撰：《张太岳集》上，奏疏，卷5，《请择有司蠲逋赋以安民生疏》。
② ［明］张居正著，张嗣修、张懋修编撰：《张太岳集》中，书牍，卷6，《答应天巡抚宋阳山论均粮足民》。

情，必云不便"，但决心"苟利社稷，死生以之"①，"丈地亩，清浮粮""须审详精核，不宜草草。"②将清丈田粮的治理政策进行到底。

经过充分酝酿，在政治改革已取得初步成效的情况下，张居正不失时机地把改革的重点转移到经济领域。

万历五年（1577 年），张居正开始着手准备调查田地、户口事宜。

万历六年十一月，张居正正式以明神宗名义下令在福建省首先试行清丈田地、平均赋税的政策，并由户部尚书张学颜亲临第一线，主持清丈各府州县所有的庄田、民田、职田、屯田、荡地、牧地等一切生产用地。按照实际田亩分上、中、下三等纳税，从严惩办欺隐之罪，对于最狡猾的江南豪强，特别选派精悍的大吏督责，一定要做到详审细核。

万历八年九月，福建清丈完毕，清丈出隐瞒逃税田地二千三百一十五顷，于是张居正会同阁臣张四维、申时行及户部尚书张学颜等人决定，把福建丈量之法推行到全国各地。明神宗批准了这一决定，随即颁发清丈田粮八款，前五条是政策性规定：

（1）清丈田粮以税粮是否漏失为前提，失者丈，全者免；

（2）清丈工作由各布政司总管，分守兵备道分管，府州县专管本境；

（3）区别官田、民田、屯田等类别，及上中下税粮科则，清丈时逐一查勘明白，使之不得诡混；

（4）清丈后，恢复各类田地应征之税粮；

（5）清丈中，有自首历年诡占及开垦未报者，免罪；首报不实者，连坐；豪右隐占者，发遣重处。

后三条是技术性规定，即关于清丈的日期、清丈田亩面积的计算方法及清丈经费等具体事项。③

---

① ［明］张居正著，张嗣修、张懋修编撰：《张太岳集》中，书牍，卷 11，《答福建巡抚耿楚侗谈王霸之辩》。

② ［明］张居正著，张嗣修、张懋修编撰：《张太岳集》中，书牍，卷 11，《答福建巡抚耿楚侗》。

③ 参见樊树志著：《万历传》，人民出版社 1993 年版，第 122 页。

万历九年张居正又规定，凡是功臣之家，除朝廷调拨赏赐的公田以外的田土，尽数报官，与庶民一样纳粮。谁有田谁交税，使得兼并者无利可图，明神宗在批发这一文件的同时，明确向全国各地下令："各抚按官悉心查核，着实举行，毋得苟且了事，反滋劳扰。"①

清丈令的颁布是十分严肃的，对敷衍塞责的地方官严惩不怠。

万历九年（1581 年）十二月，明神宗追究对清丈田亩持消极态度的官员，松江知府阎邦宁、池州知府郭四维、安庆知府叶梦熊、徽州府掌印官同知李好问等，受到"住俸戴罪管事"②的处分，责令他们将功补过。对于阻挠丈量的豪民，明神宗也决不宽恕。他抓住建德县豪民徐宗式等阻挠丈量的事例，通令全国，一方面命令豪民徐宗式等将九年拖欠钱粮追夺还官，另一方面对包庇豪民的徽宁兵备道程拱辰，给予"住俸"③戴罪督责丈量的处分。

在朝廷的强大政治压力下，从万历八年到万历十一年（1580—1583 年），清丈工作在全国各地陆续完成。

万历清丈是继洪武清丈之后第二次全国规模的田地税粮清理工作，成效是很显著的。

第一，清丈之后，田有定数，赋有定额，部分地改变了税粮负担不均的状况。"有粮无地之民得以脱虎口"④。

第二，清丈出不少隐匿田地，使政府所控制的承担税粮的耕地面积大幅度增加。如浙江衢州府西安县，清丈后不仅改变了原先田地缺额、税粮无着的状况，而且查出了隐匿田地、补足原额外，还多余田地一百一十三顷二十八亩。这种情况，似乎是全国性的通例。例如山东丈出（新增）民地三十六万三千四百八十七顷、屯地二千二百六十八顷，较原额增加百分之四十；江西丈出（新增）六万一千四百五十九

---

① 《明神宗实录》卷 106，万历八年十一月丙子。
② 《明神宗实录》卷 119，万历九年十二月乙未。
③ 《明神宗实录》卷 119，万历九年十二月己亥。
④ 万历《沧州志》卷 3，《田赋志》。

顷，较原额增加百分之十三。

第三，北方地区在清丈中统一亩制，改变先前存在的大亩、小亩相差悬殊的不合理现象，一律以二百四十步为一亩。南方地区在清丈中统一科则，改变先前存在的官田、民田税粮科则轻重悬殊的不合理现象，实行官田、民田税粮科则一元化。

尽管清丈田粮存在不少弊端，但成效毕竟是十分显著的，清查出了大量的隐匿、遗漏田地，使政府控制的纳税田地面积有大幅度增长。全国丈出（新增）田亩面积，大多数可以从各地总督、巡抚、巡按向朝廷提交的清丈报告中获得一个比较确切的统计数字。请看下表[①]：

地区	丈出（新增）田亩（单位：顷）	地区	丈出（新增）田亩（单位：顷）
北直隶	33,255.00	南直隶	49,898.70
浙江	45,896.15	江西	61,459.54
湖广	551,903.54	福建	2,315.00
山东	365,755.00	山西	6,100.00
河南	64,324.55	陕西	3,988.32
四川	264,520.00	广东	80,194.64
广西	768.87	云南	15,084.34
贵州	1,594.95	总计	1,547,058.60

除南北直隶及十三布政司之外，边镇地区也进行了清丈，这些地区的丈出（新增）田亩也不少，请看下表[②]：

地区	丈出（新增）田亩（单位：顷）	地区	丈出（新增）田亩（单位：顷）
大同	70,251.19	辽东	32,578.70
蓟辽	10,817.11	宣府	63,100.36
延绥	39,753.42	陕西三边	18,990.00
甘肃	45,993.35	总计	281,484.13

---

① 樊树志著：《万历传》，人民出版社 1993 年版，第 124 页。

② 樊树志著：《万历传》，人民出版社 1993 年版，第 124 页。

这就意味着，清丈后增加了约一百八十三万顷，比清丈前的原额（万历六年统计）五百一十八万顷，增加了35.28%，说明清丈田粮取得了巨大的成功。虽然其中有一些虚报数字，但承担赋税的耕地面积大幅度增加则是毋庸置疑的事实，它对于国家财政收入的增加，其意义不言而明。这是自明初朱元璋清丈田地后两百年没有的大规模清丈土地运动，涉及全国各地，方方面面。清查田粮的结果，严厉打击了权贵大地主，迫使他们守法，不敢再轻易兼并土地、瞒产逃税，里甲乡邻免受贴累之苦，小农户也不致再有虚粮，农民减轻了负担，国家不用加赋而做到增加收入，扭转财政亏损，确实收到了增加国力的明显效果。

清查田粮的成功，说明了政府只要决心做某件事情，一般而言没有不成功的道理。张居正先有考成法在先督导，后有正确措施推进，加上雷霆万钧的手段，从而取得了巨大的成功。

（二）一条鞭法

赋税不均的现象初步克服后，随之需要解决的是徭役问题。清丈土地的告成，为全面的赋役改革准备了条件，万历四年（1576年），张居正先在湖广地区试行一条鞭法，然后再推向北方，于万历九年始在全国推广。

"一条鞭法"，又称"类编法""明编法""总赋法"等。《明史·食货志二》将此表述得十分清楚明白："一条鞭法者，总括一州县之赋役，量地计丁，丁粮毕输于官。一岁之役，官为金募。力差，则计其工食之费，量为增减；银差，则计其交纳之费，加以增耗。凡额办、派办、京库岁需与存留、供亿诸费，以及土贡方物，悉并为一条，皆计亩征银，折办于官，故谓之一条鞭。立法颇为简便。嘉靖间，数行数止，至万历九年乃尽行之。"

明朝的赋役除正赋田税外，其他各种杂税和力役的名目繁多，重叠征收。弘治时夏税秋粮多达四十一项，万历时又增至五十多项，额外增收难以计数，税粮交仓，一石米要三石米的运费，田粮折银，每两要加火耗二钱至五钱。一条鞭法，即是将赋役中的各项名目如杂泛、均徭、力差、银差等项合为一种，将力役归入田赋，一律按田亩核算，统一征收。除了上缴朝廷的漕粮外，都可改折银两，以货币税代替实物税，允许被征调的差役出银雇人代役。同时简化征收的手续，减去由里甲征收的中间层次，改成官收官运。

一条鞭法将徭役归入田赋，虽然同样都是由民众承担，但以身服役，此人身就不由自己支配，以银充役却使人身有了自由支配的选择，这是中国封建社会历史中前所未有的创举，已大大超出均赋役的意义，进一步减轻了土地对劳动力的束缚。自此以后，在全国通行计亩征银的同时，又具有了以银代役的机制，只要出钱就可以免除力役，削弱了人身依附，扩大了货币流通的范围，使农民可以脱离土地到城镇打工，商贩和工匠获得自由迁徙和自主经营的可能，这对促进商品经济的发展和资本主义生产关系的萌芽起了积极的作用。在资本主义已经在西方崛起的十六世纪后期，这是促进中国经济社会发展的重大革新，在客观上顺应了世界发展的潮流，在中国经济发展史上有不可磨灭的功绩。

一条鞭法本非张居正的创造。其起源可追溯到宣德五年（1430年）。当时浙江巡抚周忱和苏州知府况钟建议按民田起科调剂赋役不均，被户部指责为变乱成法，不了了之。嘉靖九年（1530年），户部尚书梁材（字大用，号俭巷，南京金吾右卫人）提出革除赋役制度弊病的方案，其原则是把一个地区的徭役折算成银两，然后按照该地区人丁与税粮的数字加以平均摊派，平均每石税粮编派役银若干，每个人丁编派役银若干。嘉靖十年，御史傅汉臣把这种"通将一省丁粮，均派一省徭役"的方法，称为"一条鞭法"[①]。按傅汉臣"顷行一条鞭法"的说法，当时已有一些地方在试行此法。把一切徭役折银，把役银按丁、粮加以均派，带有把赋与役简化为一次编审，即一条编审之意，故称一条鞭法或一条鞭编审之法、一条鞭编银之法。

嘉靖十二年，宁国府、徽州府推行此法；嘉靖十六年，苏州府、松江府推行此法；嘉靖二十年，湖州府推行此法；嘉靖三十五年，江西推行此法；嘉靖四十二年，余姚、平湖推行此法。以后逐步由南而北地蔓延开来。

---

① 《明世宗实录》卷123，嘉靖十年三月己酉。

万历四年（1576 年）三月，户部左侍郎李幼滋向明神宗上疏，谈及近日各地推行一条鞭法之后，各项钱粮都折银征收，与先前折银征收的金花银无甚区别，地方官不加分辨，也混行催征造成一些不便。因此，李幼滋主张，今后推行一条鞭法时，务必将款项开明，如某户秋粮若干、本色若干、漕粮若干，等等。对此，明神宗批复道："内外诸司凡事一遵祖宗成宪，毋得妄生意见，条陈更改，反滋弊端。"①

万历五年十一月，吏科给事中郑秉性上疏议论赋役，指出一条鞭法之好处在于革除了杂役的支应，也有并不尽完善的地方，例如尽数征银、贫富无等之类。明神宗的批复是尝试性地推进："条鞭之法，前旨听从民便，原未欲概通行。"②

张居正则将一条鞭法作为整顿赋役，改善财政的有力措施，极力督促各地方官推行。他对湖广巡按御史说："一条鞭之法，近亦有称其不便者，然仆以为行法在人，又贵因地，此法在南方颇便，既与民宜，因之可也。但须得良有司行之耳。"③ 又对山东巡按说："条鞭之法，近旨已尽事理，其中言不便，十之一二耳。法当宜民，政以人举，民苟宜之，何分南北。"④ 在张居正坚持下，万历九年，明神宗决定把一条鞭法推广到全国各地，使一条鞭法成为全国统一的新赋役制度。这就是《明史·食货志二》所说的："总括一州县之赋役，量地计丁，丁粮毕输于官，一岁之役，官为佥募。"把过去按照户、丁派役的方法，改变为按照丁、粮（地）派役，也就是说，把差役的一部分转移到税粮（即土地）中去。与此同时，税粮中除去漕粮、白粮必须征米外，其他实物都改为折收银两，并由官府统一征收、解运。它部分地改变了过去赋役负担不均的状况，由于一条鞭编银征收，政府的征收简便而有所保证。

一条鞭法实施后，在江南取得了明显的效果。"行一条鞭法，从此役无偏累，人始知有种田之利，而城中富室始肯买田，乡间贫民始不肯轻弃其田矣。至今田不荒

① 《明神宗实录》卷 48，万历四年三月丁未。

② 《明神宗实录》卷 69，万历五年十一月甲寅。

③ ［明］张居正著，张嗣修、张懋修编撰：《张太岳集》中，书牍，卷 8，《答楚按院向明台》。

④ ［明］张居正著，张嗣修、张懋修编撰：《张太岳集》中，书牍，卷 9，《答总宪李渐庵言驿递条鞭任怨》。

芜，人不逃窜，钱粮不拖欠。"①

由于南北经济情况及赋役制度的差异，而一条鞭法主要是依据江南情况制定的，推广到北方之后，在一个短时间内必然会带来一些不便。但它在总体上符合经济发展的趋势，即使先前认为一条鞭法不便的人，也不得不承认实行一条鞭法之后，"邑士称其便"②。正是基于这一基本事实，万历以来编纂的地方志，大多称赞一条鞭法，如崇祯《历乘》所列举的一条鞭法十利就颇具有代表性。这十利是：

（1）通轻重苦乐于一里十甲之中，则丁粮均而徭户不苦难；

（2）法当优者不得割他地以利荫；

（3）钱输于官而需索不行；

（4）又折阅不赔累；

（5）合银力二差并公私诸需，则一人无丛役；

（6）去正副二户则贫富平；

（7）承禀有制而侵渔无所穴；

（8）官给银募人，而募人不得反复抑勒；

（9）富者得弛担，而贫者无加额；

（10）银有定例，则册籍清而诡寄无所容。

用历史的眼光看问题，不能否认，一条鞭法是中国赋役史上的一大进步。

一条鞭法是建立在清查土地和户口基础上的新税制，与以往的赋役制度相比明显具有四大优势：

一是赋役一律按田亩征收，这对拥有土地最多的封建地主来说，增加了本该由其负担的赋税，追交漏税，增加了国家的财源；

二是国家税收的一部分得以从农民转移到大地主身上，相应地减轻了农民的负担；

---

① 顾炎武：《天下郡国利病书》卷 14，《江南》。
② 于慎行：《谷城山馆文集》卷 34，《与抚台宋公论赋役书》。

三是将劳役归于土地的政策，使商人得以摆脱徭役的牵制；

四是以银代役的举措，扩大了货币使用的范围，促进了商品流通，有利于松弛土地对农民的束缚，对商人、工匠、农民等各阶层，提供了可以流动的人身自由。[①]

一条鞭法把各种徭役折成银两，不但与赋税的货币化步调一致，而且可以统一以银两（货币）征解，使赋役简单化、一元化。所谓通计一省丁粮均派一省徭役，即按比例分别把役的折色银分摊在丁、地上，统征丁银、地银。比较而言，田多粮多者出银就多些，这显然相对合理化了。而赋役一律以银两（货币）作约计量单位，是符合整个社会商品经济发展趋势的。明代中后期商品经济的日趋繁荣，与这一经济背景有着密切的关系。

总而言之，万历新政经济改革的效果是明显的。由于开源节流双管齐下，财政赤字渐趋消失，史称，"太仓粟可支数年，同寺积金钱至四百余万"[②]。此话是有坚实的事实根据的。

户部管辖的太仓的收入，从嘉靖、隆庆年间每年二百万两白银左右，到万历初期，激增至三百万两至四百万两白银之间。从隆庆六年（1572 年）到万历五年（1577年），这一变化十分显著，根据《明实录》中"太仓银库实在银数"的记载，大致呈现以下态势，见下表[③]：

年份	太仓银库实在银数（两）	年份	太仓银库实在银数（两）
隆庆六年六月	2,525,616	万历三年四月	4,813,600
六年十月	2,833,850	三年六月	5,043,000
六年十一月	4,385,875	五年四月	4,984,160

据户部的奏报，隆庆元年（1567 年）前后，京师仓库贮存的粮食约七百万石，

① 参见刘志琴著：《大明首辅张居正》，商务印书馆国际有限公司 2014 年版，第 123 页。

② 《明神宗实录》卷 125，万历十年六月丙午。

③ 樊树志著：《万历传》，人民出版社 1993 年版，第 128 页。

可支给京营各卫官军两年的消费；到了万历五年（1577 年），京师仓库贮存的粮食足可供其六年的消费，增加了三倍。

兵部管辖的太仆寺（即所谓闹寺）的银两收入，到万历五年一举突破四百万两的大关。

从隆庆元年到万历二十年，太仓银库岁入银两的增长十分明显。如果把嘉靖二十七年（1548 年）太仓银库岁入银两二百万两的指数定为一百，那么隆庆元年至万历二十年间太仓银库岁入银两及其指数可以参考下表[①]：

年份	太仓银库岁入银数（两）	指数
隆庆元年（1567 年）	2,014,200	100.71
隆庆二年（1568 年）	2,300,000	115.00
隆庆三年（1569 年）	2,300,000	115.00
隆庆四年（1570 年）	2,300,000	115.00
隆庆五年（1571 年）	3,100,000	155.00
万历元年（1573 年）	2,819,153	140.96
万历五年（1577 年）	4,359,400	217.97
万历六年（1578 年）	3,559,800	177.99
万历八年（1580 年）	2,845,483	142.27
万历九年（1581 年）	3,704,281	185.21
万历十一年（1583 年）	3,720,000	186.00
万历十三年（1585 年）	3,700,000	185.00
万历十四年（1586 年）	3,890,000	194.50
万历十八年（1590 年）	3,270,000	163.50
万历二十年（1592 年）	4,512,000	225.60

这是张居正改革所带来的引人注目的变化，时人因此赞言曰："自正、嘉虚耗之后，至万历十年间，最称富庶。"[②]万历时期成为明王朝最为富庶的几十年，绝不是偶

---

① 樊树志著：《万历传》，人民出版社 1993 年版，第 129 页。
② 《明史》卷 222，《张学颜传》。

然的。

六、在北部边防上的建树

张居正在军事上的改革是以强兵固边为目的，主要是整饬守备，巩固边防。

明王朝的缔造者朱元璋是从反元起家的，元朝灭亡后，蒙古残部退到塞外，分裂为鞑靼、瓦剌和兀良哈三部，继续与明王朝为敌，不断骚扰北方边境。在张居正进行军事改革之前，明王朝与蒙古部落在北方边境一直是摩擦不断。

宣德以后，朝政败坏，边防废弛，逐渐强大的瓦剌威胁到明朝边境的安全。正统十四年（1449 年），明英宗御驾亲征，在土木堡被掳，京师告急，举国震惊。幸得兵部左侍郎于谦成功地组织了反击，才转危为安，却充分暴露了明朝政治的腐败和边防军事的脆弱，从此以后，明军士气不振，边患日益严重。

到嘉靖初年，鞑靼部俺答占领河套，坐镇一方，成为明王朝北方最大的边患。

俺答汗拥有骑兵十万，活动于今呼和浩特一带，并与西部河套的吉能部和东部辽东的土蛮部彼此呼应，不断侵扰三北边境。为此，明朝廷增兵增饷，选卫修垣，百姓疲劳，海内虚竭，每年仅九边（辽东、蓟镇、宣府、大同、山西、延绥、宁夏、固原、甘肃）军费即需银 276 万两，然而却成效甚微。

从嘉靖二十一年（1542 年）到二十二年，俺答聚集力量，不断发兵南侵，连连侵犯大同、太原、平阳等三十八个州县，杀戮百姓多达二十余万，掳掠牛、马、羊、猪二百万头（只），明军反击不力，从此年年为患。首辅夏言任用曾铣总督陕西军务，奋起反抗，并取得初步的胜利。河套自被俺答占领后成为南侵的重要据点，曾铣主张收复河套，并得到夏言的积极支持，但由于内阁意见不一，迟迟不能行动，结果在这期间俺答骚扰不断，一度到达居庸关，京师告危。严嵩以此为由，诬陷夏言、曾铣轻举妄动收复河套，招致俺答的报复，并将他们处以死罪，造成千古奇冤。嘉靖二十九年（1550 年）俺答又到顺义、通州掠夺，兵锋直逼京师，气焰熏天，朝野为之震惊。终嘉靖一朝，鞑靼先后三次兵临京师，给明朝统治者造成了严重威胁。

到隆庆时代，北方边境防务的虚弱已成为明王朝的心腹之患。

针对这一严重情势，张居正提出了自己的治边御敌方略。他主张以蓟州为北部边境和御敌守备的重心，对蓟州以西的俺答采取怀柔政策，封贡主和，对蓟州东面的土蛮则主战，这样，西可"避俺答之锋，而使其就范于我"，东可使敌"知其弱而冀其受制于我"。这种分而治之意在削弱其锋锐，以减轻边患压力的治边政策，后来证明是有成效的。

隆庆元年（1567年），张居正"进太师礼部右侍郎兼翰林院学士。未几，进吏部左侍郎兼东阁大学士，参赞机务。永乐大典成，进礼部尚书兼武英殿大学士"①。拥有"参赞机务"权力后，隆庆二年，张居正即向明穆宗上疏，请朝廷"饬武备"，修边防。在上疏中，张居正痛心疾首地指出：整饬边备已为当前急务。人无远虑必有近忧。守边之臣得过且过，边备未修是当前堪称忧虑的大事，必须设法振作。

与此同时，张居正还在京城整顿军营，训练士兵，纠正骄惰之风，积极策划举行大检阅，希望通过这种方式，"以见皇上临御之初，留心边事，盖鼓舞振励之一机也"②，以此来激发朝野上下整饬武备的意识和行动。

"大阅礼"即阅兵典礼。这样的演习，都要由皇帝亲临现场视察。要说动明穆宗举行阅兵典礼已属不易，又遭到南京刑科给事中骆问礼的强烈反对，认为练兵不是当今的急务，不必惊动圣驾亲临，这使得阅兵一事几乎搁浅。但张居正并不气馁，以"嘉靖之季，虏数犯塞，请举祖宗大阅礼，以饬戎事而振士气"③为由，再次上疏陈述举行大阅兵典礼的重要性。

张居正认为，如今举国上下军备懈怠，若非假借天威，亲自检阅，不足以激励将士，扬我军威。经过反复力争，终于得到明穆宗的同意，"遂以明年秋九月，大阅

---

① ［明］张居正著，张嗣修、张懋修编撰：《张太岳集》下，行实，《太师张文忠公行实》。
② ［明］张居正著，张嗣修、张懋修编撰：《张太岳集》上，奏疏，卷2，《请谕戒边臣疏》。
③ ［明］张居正著，张嗣修、张懋修编撰：《张太岳集》下，行实，《太师张文忠公行实》。

于北郊"①。

于是隆庆三年（1569年），明穆宗在京师北郊举行了军事大演习。"是日，天子躬擐甲胄，太师戎服扈从。选卒十二万，戈铤连云，旌旗耀日。天子坐武帐中，观诸将士为偃月五花之阵。已，乃阅骑射，简车徒。礼毕，三军之士皆呼万岁，欢声如雷。都城远近，观者如堵。军容之盛，近代罕有。"② 这次阅兵有力地激励了士气，鼓舞了民心。

万历九年（1581年），明神宗再次举行了一次军事大阅兵，这当然还是张居正的主张。

事实上，严重的边患，已不容最高统治阶层再继续坐观国势的衰弱。

隆庆元年九月，俺答入侵大同，陷石州，掠交城、文水，烽火照遍山西中部。同时上蛮进犯蓟镇，掠昌黎、卢龙，直至滦河，整个北京又陷入战争的恐慌之中，直到十月才解严。

张居正对当时的局势洞若观火。他说："臣惟当今之事，其可虑者，莫重于边防；庙堂之上，所当日夜图画者，亦莫急于边防。迩年以来，虏患日深，边事久废。"③ 一方面，土木堡事件以来，军事积弊愈加深重，要想"一起而振之"，必须从源头上加以改变，其办法是："选将练兵、积饷修守等项事务，都要着实举行。"④ 另一方面，明代从明成祖朱棣以来实行以文官统率武官的政策，主管军事的统帅都是进士出身，边防将领对部下没有独立的指挥权和调配权。指挥和实战的脱节，严重地影响了将领的积极性。形势的变化要求统治者调整军事用人政策。

隆庆初年（1567年），在张居正的举荐下，谭纶出任蓟辽总督，他本是台州知府，长期在东南沿海任职，有丰富的反击倭寇的经验，像他这样通晓战争的文官在明代官僚体制中是非常罕见的。张居正以文官的身份为武将请命，要求练兵和作战

---

① ［明］张居正著，张嗣修、张懋修编撰：《张太岳集》下，行实，《太师张文忠公行实》。
② ［明］张居正著，张嗣修、张懋修编撰：《张太岳集》下，行实，《太师张文忠公行实》。
③ ［明］张居正著，张嗣修、张懋修编撰：《张太岳集》上，奏疏，卷1，《陈六事疏》。
④ ［明］张居正著，张嗣修、张懋修编撰：《张太岳集》上，奏疏，卷2，《请谕戒边臣疏》。

摆脱"巡关御史监军"①的牵制，减少地方官干涉军务的权力，这是对一百五十多年来以文制武传统的挑战。地方巡抚刘应节、巡关御史孙代等都激烈反对，但都不是张居正的对手。在首辅徐阶的支持下，张居正为谭纶争得了独立的指挥权，开了有明一代提高地方将领权力和社会地位的先例。

为了加强北方边防的实力，隆庆二年五月，张居正又调用谭纶的老搭档抗倭名将戚继光总理蓟州、昌平、保定三镇的练兵事务，各路总兵统由其统辖，这在明朝军队史上是一个创举。因为戚继光被任命为总理，这就在三镇总兵以外，又增设一职，与原有体制不合；加上戚继光是南方军人，以水战见长，一般舆论认为水军不习陆战，纷纷加以抵制，因此这一职务被总兵们议为是"赘疣"。但种种议论都不能动摇张居正调用戚继光的决心，在他看来这是"弊在人心不一，论议繁多，将令不行，士气难作"，断然以特旨的名义任命戚继光为蓟州镇总理练兵事务兼镇守，这既保留了戚继光总理练兵事务的头衔和节制三镇总兵的大权，又让他拥有了直接管辖蓟州军务的权力。张居正还把工作做到细处，为了平息舆论，他请出素有威望的凌云翼出面说服众将领。正是因为张居正的决心和斡旋，才使得戚继光有机会在北方再展雄风，重铸辉煌。张居正力排众议，打破常规地任用谭纶与戚继光，从此改变了以文制武的传统军制。正是谭纶、戚继光皆有到北边练兵防务之缘，张居正也和他们建立了密切的关系。隆庆六年，张居正当国，谭纶入为兵部尚书，直到万历五年（1577 年）四月病殁为止；戚继光镇守蓟州十六年，也直待张居正病殁以后，方才被调往广东。

为了激励守边将士的积极性，张居正大刀阔斧地改变赏不当功、罪不当罚的积弊，重奖有军功的将士。宣府总兵马芳在隆庆元年（1567 年）转战宣大、威宁、黑山，战功卓著，获得荫子千户及银币的赏赐；陕西延绥总兵赵苛，曾经防御失利，后戴罪立功，在塞外大战中杀敌三百余人，夺马一百多匹，官升至大同总兵，荫子正千户。这超常的奖励，遭到文官的抵制，连兵部都不敢做主。张居正愤怒地指出，

---

① ［明］张居正著，张嗣修、张懋修编撰：《张太岳集》中，书牍，卷 1，《与蓟辽总督谭二华》。

不给以重赏谁肯冒死犯难？并执意破格奖赏有功将士。

重赏重罚是张居正军事思想的重要组成部分。他主张有功于国家的，即使千金重赏、通侯之印，概不吝予。一代名将李成梁，行伍出身，按明制不能担任镇守一方的大员，是张居正论功行赏，破格提拔，使他成为镇守辽东的主将。在这种思想的主导下，隆庆年间，奖励有功将士的记载史不绝书，大大激励了有为之士效命疆场，创建军功。

明初为抵御蒙古残部的南侵，从鸭绿江到嘉峪关建立了绵延万里的军事防御线，实行以攻为守的战略，甚有成效。明中叶后由于朝政腐败，边防废弛，这一战略事实上已告终结。对来犯者，明军疲于应付，一朝失利，惊慌失措，间有小胜即要冒险直捣虏巢，是战是防、是守是攻，没有一定之规。面对强虏，明军多次失利，防守无力又不敢更改祖训。政治上的腐败与懒惰，军事上的无能与虚弱，致使明朝在国防上处于非常被动的地位。张居正对此有正确的分析，提出以防御为主、争取主动的正确战略，由此实现了边境防务战略的真正的转变。

张居正认识到，强化防守的紧迫性，在九边之地尤以蓟门最为突出，这是国之堂奥，必须由辽东、宣府、蓟州三州统一行动步骤，形成坚固的防线，才能拒敌于国门之外。

进入万历年间，内阁首辅张居正视蓟门和辽东为边防中重中之重，他对李成梁的信任，也不比对戚继光的少。同时，他还说这两地任何一方遇到战事，另一方都可去支援，不用请示朝廷，两地总督、总兵决定即可。

张居正深知强兵之道在于狠抓落实军事防务设施与士兵的训练。对于谭纶、戚继光提出的增筑敌台、练兵以及军粮等要求，张居正都尽量给予满足；对于言官以及官员们的非议，张居正也是尽量调和与维护。例如上面提到过的，戚继光北调，就有人提出反对意见，认为戚继光擅长水军与南方作战，北调是"人地不宜"。张居正则极力调护，他说："戚之声名，虽著于南土，然观其才智，似亦非泥于一局而不知变者。且既已被镇守之命，有封疆之责，岂宜别有注画乎？今人方以此窥戚之衅，恐不知者又将以为口实也。公如爱戚，惟调适众情，消弭浮议，使之得少展布，即有裨于国家多矣。"①

谭纶出任蓟辽总督后，立即以练兵为要。张居正当然全力支持，同时他又派遣杭嘉参将胡守仁调用三千浙兵到蓟镇进行示范。浙兵刚至蓟门列阵，适逢倾盆大雨，他们从早到晚，任凭风吹雨打，"直立不动"。北军见之大惊失色，无不折服，至此才知道军令之严厉。

戚继光接受蓟州的防务后，也根据实际情况提出建筑敌台的动议，这项工程由于花费太大，遭到很多人的反对，但却得到张居正的鼎力支持，认为这是设险阻、守要塞之良策，立即予以批复。并致书谭纶，一再表明建筑敌台，设防固守，实行以防御为主的战略主张。经过两年多的施工，从山海关西到镇边（今昌平）的两千里防线上，修筑敌台一千余座，敌台下驻军屯田，遇有敌情，以烽火为号，群起抗击。同时又对原有的长城进行整修，加高、加厚城墙，沿线植树设险。西自嘉峪关，东至山海关，绵延万里，崇墉密雉，有效地阻止了敌人来犯。

鉴于军队的组织紊乱，军纪松懈，张居正也大力支持戚继光整军练兵的活动，同意戚继光将蓟镇防区分设十二路，根据蓟州的地理环境与作战的特点，建置车营七座，并配以骑兵、步兵进行混合训练，以积累不同兵种协同作战的经验。

经过训练整顿，长期以来守边将士所积下的那种"因循怠玩，姑务偷安"②的恶习得到改变。隆庆二年（1568年），明军与蒙古朵颐部初次交手，大败酋长董忽里，一时军威大振。此后，凭借敌台天险与提高士兵战斗力的训练，明军在北方边境建立了一条坚固的防线。张居正的整饬边备、外抗强敌的思想，在隆庆、万历年间初步得到了实现。

隆庆四年（1570年），与明朝长期为敌的鞑靼发生内乱，其原因是俺答祖孙为争夺一个女人：三娘子。三娘子本是俺答孙子把汉那吉的妻子，贪图美色的俺答将这个孙媳据为己有，把汉那吉受不了此奇耻大辱，愤而投奔明朝。鞑靼多年侵犯边境，

---

① ［明］张居正著，张嗣修、张懋修编撰：《张太岳集》中，书牍，卷1，《答凌参政》。

② ［明］张居正著，张嗣修、张懋修编撰：《张太岳集》上，奏疏，卷1，《陈六事疏》。

骚扰不息，已成为明朝边防的最大祸患，把汉那吉突然投诚，宣大总督王崇古、大同巡抚方逢时认为这是天赐良机，派出五百名骑兵欢迎把汉那吉。张居正得到消息后，立即致函王崇古，询问准确情况：

> 昨有人自云中来，言虏酋有孙率十余骑来降，不知的否？俺答之子见存者，独黄台吉一人耳，其孙岂即黄台吉之子耶？彼何故率尔来降？公何不以闻？若果有此，于边事大有关系，公宜审处之。望即密示，以信所闻。[①]

在得到王崇古的翔实答复后，张居正深谋远虑，立刻做出了几种预案，这在他给王崇古的《答鉴川策俺答之始》《再答王鉴川策俺答》《与王鉴川言制俺酋款贡事》《与王鉴川谋取板升制虏》《与王鉴川计送归那吉事》《答王鉴川》《与王鉴川议坚封贡之事》《答王鉴川计贡市利害》等数封信函中都有详细的说明。张居正告诉王崇古，"此事关系至重，制虏之机，实在于此。往年桃松寨事，庙堂处置失宜，人笑之，至今齿冷。今日之事，又非昔比，不宜草草。"[②] 他要王崇古小心谨慎，"但闻老酋临边不抢，又不明言索取其孙。此必赵全等教之。诱吾边将而挑之以为质，伺吾间隙而掩其所不备。愿公戒励诸将，但并堡坚守，勿轻与战。即彼示弱见短，亦勿乘之。多行间谍以疑其心。或遣精骑出他道，捣其巢穴，使之野无所掠。不出十日，势将自遁，固不必以斩获为功也。"[③]

作为负责明王朝全局政务的内阁首辅，张居正当然要比别人看得远些。他并未将此事限制在军事得失上，而是从政治全局的高度考虑问题，希望利用俺答要还孙子这一大好机会，实现"朝廷纳降和戎"战略，促成封贡通市，实现汉蒙关系的改善。张居正提醒王崇古，"今日之事幸而成，即可以纾数年边患，其所省岂直数

---

① ［明］张居正著，张嗣修、张懋修编撰：《张太岳集》中，书牍，卷2，《与抚院王鉴川访俺答为后来入贡之始》。

② ［明］张居正著，张嗣修、张懋修编撰：《张太岳集》中，书牍，卷2，《答鉴川策俺答之始》。

③ ［明］张居正著，张嗣修、张懋修编撰：《张太岳集》中，书牍，卷2，《再答王鉴川策俺答》。

十百万而已哉？而又何惜于目前之少费哉！"①

但是，一些大臣因为十三年前桃松寨事件，怕上当受骗，不再相信俺答交换人质的诺言。事情发生在嘉靖三十六年（1557年），俺答之子辛爱的小妾桃松寨因与人通奸事发，为逃避惩罚，投降了明朝。辛爱得知后，佯装以赵全、邱富交换，骗取总督杨顺放回桃松寨。桃松寨随即被辛爱所杀，汉奸也未交还明朝。把汉那吉的来降很容易使人联想到桃松寨事件，因担心再次上当受骗，官员们反对接纳把汉那吉。在俺答派出大兵压阵、强行索要把汉那吉之际，朝臣们更是惊恐不安。张居正当机立断，力排众议，认为这次不同于桃松寨事件，不仅不必为之担心，反而是可利用的大好时机，他在给王崇古的信中做了详细、具体的布置，借"把汉那吉事件"，为北方边境和平奠定了基础。接着，张居正又促成双方互市。至万历二年（1574年）在张家口、得胜堡和永泉营集市上，官市交易的战马有七千六百九十匹，而在民间交易的牲畜多达两万多头，是官市的三倍。民市的发展壮大，贸易的兴旺，吸引了南方商贾纷纷北上。南北物资的交流，促进了塞外的经济发展，边境上出现了物阜民安、贸易不绝的和平景象。北方边境的安定，也节省了大量的军费开支。"计三镇岁费二十七万，较之乡时户部客饷七十余万，太仆马价十数万，十才二三耳。"②随着边患的消弭，边疆田野得以开辟，商贾往来频繁，边境地区的居民得以安居乐业，一时出现了"两镇边垣屹有成绩，官民城堡次第兴修，客饷日积于仓廒，禾稼岁登于田野"③的升平景象。这种成就的取得，与张居正正确的边防外交政策有着很大的关系。

总之，张居正执政期间，振纪纲，重诏令，核名实，课吏职，抑豪强，固民本，禁私学，抑异说，加强中央集权，暂时解决了明王朝积重难返的君主势衰、法度不行、政局失控、政事弛靡、财政窘迫、民生困苦等问题，他的改革是成功的，

---

① ［明］张居正著，张嗣修、张懋修编撰：《张太岳集》中，书牍，卷2，《与王鉴川言制俺酋款贡事》。

② 《明史》卷222，《方逢时》。

③ 《明神宗实录》卷79，万历六年九月甲戌。

据史料记载，经过张居正改革，"海寓肃清、四夷詟服"①，"中外乂安，海内殷阜，纪纲法度，莫不修明"②。张居正改革，是中国历史上少有的一次成功的改革。它与商鞅变法、王安石变法一起，并列为中国古代历史上颇具有代表意义的三次革新运动。

① 《明神宗实录》卷125，万历十年六月丙午。
② 《明史》卷213，《张居正传》。

第十一章　天启党争

明神宗朱翊钧在位四十八年，是明朝在位时间最长的皇帝，而即位的明光宗朱常洛登基仅一个月就撒手人寰，是明朝在位时间最短的皇帝。一月内连死两帝，造成了最高统治集团内部动荡不安的局面。明熹宗朱由校是由东林党人拥立即位的，然东林党人希望由自己完全控制朝政，急躁失策，朝臣们各怀心思，争权逐利，结果是宦官魏忠贤集团成为最大的赢家。朱由校继承其祖父和父亲的遗产是一个大势渐去的政治烂局。天启年间，在最高统治集团内部，朝臣党争不断，宦官魏忠贤专权，外廷与宦官权力斗争激烈；在东北地区，努尔哈赤后金政权屡败明军，成为明朝统治的最大威胁。在明熹宗执政的七年间，内忧外患，政治、社会动荡不安，国家的统治机器已经无法正常有序地运转，明王朝的统治危机在不断加深。

一、李选侍册封之争

明光宗朱常洛登基仅一个月就撒手人寰，十五岁的朱由校即位，是为明熹宗，改翌年年号为天启。明光宗的正宫郭氏和朱由校的生母王氏早已分别于万历四十一年（1613 年）和万历四十七年先后去世。朱常洛宠爱的李选侍"尝抚视熹宗及庄烈帝"，明光宗朱常洛死后，宫中与明熹宗有关系的只有曾受宠于光宗的李选侍，明光宗在临终前曾"命封选侍为皇贵妃"①。在当时的内廷，唯一能够起到节制作用的只有李选侍一人。根据历史的经验教训，皇帝于幼冲时即位，在没有生母及皇太后可以控制后宫的情况下，内臣势力便会乘机弄权。当时，拥立朱由校登基的东林党人没有汲取历史的经验教训，完全忽视了朱由校在内廷所处的特殊环境，他们在朱由校登基后所做的第一件事，就是害怕李选侍听政，迫不及待地要清除李选侍，整个外廷和以王安为首的司礼监均将李选侍看成是朝廷最大的隐患，从政局的发展看，这显然是一个失误。

按照当时的实际情况看，李选侍虽然不是朱由校的生母，但曾抚育过朱由校和朱由检（崇祯帝），毕竟称为"庶母"。如果按照明光宗的遗嘱，在明熹宗即位后封为贵妃，暂时主持后宫是顺理成章的事情。皇帝在幼冲时即位，只有形成宫府一体的机制，内阁才能有所作为，这样的一种政治模式，以张居正当国时最为典型，在正统初年和明武宗死后皇位空缺的一段时间内，也在一定程度上出现过。这几次都有一个共同的必不可少的条件，那就是皇太后在宫中的制约作用。当时内阁朝臣如果汲取张居正在万历初年两宫皇太后并尊的经验，争取李选侍以稳定政局。李选侍虽然不是十分理想的政治力量，但与魏忠贤、客氏不同，一旦受封为皇贵妃，身份地位提高，所负的责任也会更大。另外从政治倾向上分析，李选侍似乎应更接近于东林党人，因为东林党人被称为"小东"，当年朱常洛作为皇太子被称为"大东"，

① 《明史》卷 114，《后妃二》。

东林党人为争国本曾付出过长期的努力，李选侍受宠于明光宗，其政治态度与东林党人比较接近。

然而，明光宗死后，东林党人对政局缺乏分析，没有利用唾手可得的有利条件去实现自己的政治目的；相反，杨涟、左光斗等人却自作聪明，无中生有，完全违背了明光宗的政治意图。明光宗去世当天，御史左光斗立即上疏请肃清宫禁，要求将李选侍移出乾清宫，说"选侍既非嫡母又非生母，俨然尊居正宫，而殿下乃退处慈庆，不得守几筵、行大礼，名分何谓？选侍事先皇无脱簪戒旦之德，于殿下无拊摩养育之恩，此其人岂可以托圣躬者"，并指责李选侍是欲学武则天搞专制，又说"及今不早断决，将借抚养之名行专制之实，武氏之祸再见于今"[1]。李选侍因此被排挤出政治舞台。当宣布李选侍移宫后，后宫秩序大乱，魏忠贤与客氏狼狈为奸，挟持明熹宗以号令天下，一时宫中外廷无人能对其构成节制。李选侍移宫后，东林党人控制明熹宗已经失去了机遇，魏忠贤集团控制朝政后，天启朝的内阁辅政功能逐渐丧失殆尽。

二、外廷朝臣的权力之争

天启初年，朝廷枢要皆为东林党人所把持，随着"东林方盛"，其内部也因为权力之争而出现了分裂的现象。魏广微和顾秉谦为了进入内阁，率先谄附魏忠贤。魏广微因与魏忠贤同乡同姓，早在入阁前就同他"潜结之"，[2] 魏忠贤因而将其视为心腹。天启二年（1622 年），推选阁臣，魏忠贤密言于熹宗，弃用首选孙慎行，任用列于会推名单末位的魏广微，从而使魏广微得以顺利地进入内阁。顾秉谦为了阿附魏忠贤，不惜认阉为父，命其子为魏忠贤之孙。天启三年增置阁臣，魏忠贤将顾秉谦荐入内阁。魏、顾二人进入内阁后，成为魏忠贤在外廷的重要羽翼。魏广微亲笔书信与魏

---

① 《明史》卷 244，《左光斗传》。
② 《明史》卷 306，《魏广微传》。

忠贤，"外贴南红纸签，题曰'内阁家报'，钉封钤曰'魏广微印'。送至惜薪司掌家王朝用，朝用仍外加封识，画花押，差心腹官人赍送逆贤直房，系李朝钦收掌。而李永贞、石元雅、涂文辅念与逆贤听"[①]。将外廷的情况一五一十地报告给魏忠贤，以便他能准确地掌握朝中大臣的动态，顾秉谦则"朝廷有一举动，辄拟旨归美忠贤，褒赞不已"[②]，顾秉谦每一决策均秉承魏忠贤的意旨，借此巩固自己在内阁中的地位。

魏广微与顾秉谦倚仗魏忠贤为后台，开始着手排挤其他内阁辅臣，试图掌控内阁。其时，叶向高居内阁首辅，东林人士多依赖于他，叶向高本人也公正无私，面对魏忠贤集团的专横跋扈并不妥协。魏忠贤早就对叶向高的掣肘不满，视其为眼中钉。天启四年（1624年），杨涟上疏弹劾魏忠贤二十四条大罪。魏忠贤又恼又惧，遂以退为进向明熹宗提出要退归私第，以待朝议。叶向高决定趁此机会，企图剥夺魏忠贤的权力，向明熹宗建议："而今保全忠贤之计，莫如听其所请，且归私第，远势避嫌，以安中外之心。"[③]魏忠贤获悉后，对叶向高恨之入骨，于是他同魏广微商议对策。魏广微建议魏忠贤除去叶向高，以便控制内阁。两人合谋排挤叶向高，叶向高自知朝廷已不可久留，于是上疏致仕，离京而去。此后，魏广微提出分割票拟权的方法，即变革内阁票拟制度，由首辅调旨，改为众辅分任票拟，使内阁首辅形同虚设，在先后驱逐内阁首辅韩爌、朱国祯后，顾秉谦在魏忠贤的支持下也做上了内阁首辅，成为魏忠贤的帮凶[④]。自从顾秉谦、魏广微当国，朝政归魏忠贤。其后在天启五年、天启六年入阁的黄立极、施凤来、张瑞图全为依媚取容之辈。明代内阁与宦官泾渭分明的政治分野，到天启时已成同流合污之势。内阁彻底分化解体，成为邪恶势力的附庸，它随皇权的腐败而腐败，随士大夫集团的堕落而堕落。天启五年，工部右侍郎崔呈秀向魏忠贤进《同志录》，备

---

① 刘若愚：《酌中志》卷10，《逆贤乱政纪略》。
② 《明史》卷306，《顾秉谦传》。
③ 叶向高：《续纶扉奏草》卷14，《论魏太监事情疏》。
④ 参见朱子彦著：《中国朋党史》，东方出版中心2016年版，第423—424页。

载东林党人姓名，又进《天鉴录》，为"皆不附东林者"①，左都御史王绍徽编东林一百零八人为《点将录》。于是内外一气，无所顾忌，明代政治进入最黑暗的时期。

三、魏忠贤集团与东林党人之争

魏忠贤（1568—1627 年），河北肃宁人，为人有胆识，颇机警。万历十七年（1589 年）自宫成为一名宦官。朱由检的乳母客氏，与魏忠贤相通，合力取得明熹宗的信任。天启元年（1621 年）九月，魏忠贤与客氏合谋罢黜并杀害能够制约他们权力的司礼监掌印太监王安，"势益张"；天启三年十二月，魏忠贤又受命"督东厂"，势更烜赫。从天启四年下半年开始，魏忠贤开始在外廷的内阁、六部及地方官员中安插势力，"自内阁、六部至四方总督、巡抚，遍置死党"②。随着明熹宗对魏忠贤信任与依赖的加深，魏忠贤集团逐渐形成。

魏忠贤势力的崛起，引起了当时控制内阁、六部和督察院大权的东林党人的激烈不满和强烈反对，东林党人不希望出现宦官干政的局面。于是从天启二年起，东林党人反对魏忠贤的呼声一浪高过一浪。魏忠贤也把东林党人当作自己主要的打击对象，东林党人和魏忠贤为首的宦官集团两大阵营的斗争日趋激烈。

天启四年六月一日，杨涟奏上有名的二十四罪疏，对魏忠贤进行全面的弹劾。这个奏疏，以大量事实为依据，无情地揭露了魏忠贤二十四项"大罪"。其中包括"亲乱贼而仇忠义"；"颠倒铨政，掉弄机权"；横行宫内，谋害妃嫔；滥邀恩荫，"要挟无穷"；操纵东厂，"快私仇，行倾陷"；"恩多成怨"，对皇帝"进有傲色，退有怨言，朝夕堤防，介介不释"等。最后，奏疏又用简洁而富有鼓动性的语言，指出了魏忠贤权大震主的势焰，坚决要求对之加以严惩，其中说："凡此逆迹，昭然在

---

① 《明史》卷 306，《崔呈秀传》。
② 《明史》卷 305，《宦官二》。

人耳目。乃内廷畏祸而不敢言，外廷结舌而莫敢奏。间或奸状败露，则又有奉圣夫人为之弥缝。甚至无耻之徒，攀附枝叶，依托门墙，更相表里，迭为呼应。积威所劫，致掖廷之中，但知有忠贤，不知有陛下；都城之内，亦但知有忠贤，不知有陛下。即如前日，忠贤已往涿州，一切政务必星夜驰请，待其既旋，诏旨始下。天颜咫尺，忽慢至此，陛下之威灵尚尊于忠贤否耶？陛下春秋鼎盛，生杀予夺，岂不可以自主？何为受制么麿小丑，令中外大小惴惴莫必其命？伏乞大奋雷霆，集文武勋戚，敕刑部严讯，以正国法，并出奉圣夫人于外，用消隐忧，臣死且不朽。"①

杨涟此疏，可谓相当猛烈，史称："疏上，忠贤惧……遂趋帝前泣诉，且辞东厂。"但魏忠贤很快就摆脱了危机，因为深受明熹宗喜欢的客氏，在事情发生后，急忙"从旁为剖析"，与魏忠贤关系紧密的司礼监太监王体乾等也在明熹宗身边千方百计地为之开脱，最终使得明熹宗"温谕留忠贤，而于次日下涟疏，严旨切责"，说他借端沽直，"凭臆结祸，是欲屏逐左右，使朕孤立"②。杨涟的这次上疏，可说是东林党人对魏忠贤集团的一次决战，其结果是以杨涟败下阵来而告终。

杨涟上疏后，又有御史黄尊素、李应昇、袁化中，吏科都给事中魏大中，南京兵部尚书陈道亨，抚宁侯朱国弼等，先后上疏继之，总数不下数十疏，"或专或合，无不危悚激切"，"论忠贤不法"，但结果都是被"传旨切责"。大学士叶向高及礼部尚书翁正春"请遣忠贤归私第以塞谤"，得到的圣旨也只是"不许"③二字。魏忠贤站稳脚跟后，为巩固其权势，不可避免地对东林党人展开报复。从天启四年（1624年）六月中旬起，一直到此年年底，这种反扑一次接着一次，其中主要的有如下几次：

（1）杖死万燝。万燝，南昌人，"少好学，砥砺名行"，举万历四十四年（1616年）进士。天启初，历任工部营缮主事、虞衡员外郎、屯田郎中。当杨涟等弹劾魏忠贤、"率被严旨"后，他十分愤怒，即"抗章极论"，揭露魏忠贤不肯拿出内官监的废铜

---

① 《明史》卷 244，《杨涟传》。
② 《明史》卷 305，《宦官二》。
③ 《明史纪事本末》卷 71，《魏忠贤乱政》。

器以助光宗的陵工，而在香山碧云寺为自己营造的坟墓，却"规制弘敞，拟于陵寝"。疏入，被廷臣交章弹劾搞得怒火中烧而"无所发忿"的魏忠贤，遂决定"借燝立威"。在他的操纵下，万燝被下令午门前杖一百，斥为民，时为六月十七日。"巳刻旨下，随有内侍数十辈蜂拥燝寓，将燝捽发牵衣而去。自寓至午门三四里，一路拳踢棍殴。至午门，已气息奄奄矣。及行杖，又痛加箠楚"，至七月七日即"殴毒并作"[1] 而卒。

（2）逮杖林汝翥，逼走叶向高。叶向高于天启年间第二次出任首辅后，虽然已经"不能謇直如神宗时"，但毕竟仍"数有匡救"，经常引起魏忠贤集团的不满，魏忠贤"时毛举细故，责向高以困之"。天启四年（1624年）六月魏忠贤杖过万燝后不久，又制造了逮杖林汝翥事件。林汝翥是叶向高的同乡，时任巡城御史。不久前曾因事杖责过两个太监。及万燝被杖后，魏忠贤忽矫旨杖之。林汝翥闻讯秘密逃出京城，投奔遵化巡抚邓渼处。于是有"阉人缇骑"百余声称林汝翥藏于叶向高寓邸，直入寻找。后来邓渼把林汝翥的行踪报告朝廷，林汝翥最终仍被逮捕行杖。在这一事件中，叶向高作为一个当朝首辅，竟被"阉人缇骑"骚扰私宅，大失阁臣体面，因而坚持要求解职。七月初旬得到批准，中旬离开京城。叶向高之解职，也是魏忠贤对东林党人的一次重大胜利。

（3）罢黜赵南星、高攀龙、魏大中等。天启四年秋冬之交，魏忠贤以"朋谋结党"罪，罢黜了吏部尚书赵南星、左都御史高攀龙、吏科都给事中魏大中等东林党人的官职。

（4）削陈于廷、杨涟、左光斗之籍。天启四年十月，吏部尚书赵南星既罢，左侍郎陈于廷署部事。大学士魏广微传魏忠贤意，"欲用其私人代南星，且许擢（陈）于廷总宪"，但陈于廷不肯服从，及会推，他与有关大臣以正直派官吏"乔允升、冯从吾、汪应蛟名上"。魏忠贤大怒，谓会推受到陈于廷及左副都御史杨涟、左金都御史左光斗的把持，乃"矫旨切责，并杨涟、左光斗尽斥为民。文选郎张可前、御史袁化中、房可壮亦坐贬黜。自是清流尽逐，小人日用事矣"。

---

[1] 《明史》卷245，《万燝传》。

（5）斥逐韩爌、朱国祯。叶向高第二次解除首辅之职后，韩爌为首辅，"每事持正，为善类所倚"，深为魏忠贤集团所厌。按照旧例，"阁中秉笔止首辅一人"，而深结魏忠贤的大学士魏广微"欲分其柄"。韩爌知道自己已为魏忠贤集团所不容，即"抗疏乞休"，毫不客气地批评魏忠贤干政造成的混乱。疏上，魏忠贤矫旨斥其"归非于上""悻悻求去"，要他"驰驿还籍"。其他大学士请"加以体貌"，魏忠贤不予理睬。时为十一月十九日。"爌去"[①]，朱国祯依资为首辅，魏忠贤集团仍不相容。十二月，由于"逆党李蕃"的弹劾，朱国祯"三疏引疾"[②]而去，首辅之位落到魏忠贤集团的顾秉谦手中。[③]

（6）六君子之狱。天启五年（1625年），魏忠贤制造"六君子之狱"。迫害和打击杨涟、左光斗、魏大中、袁化中、周朝瑞和顾大章等东林党人。

（7）七君子之狱。天启六年，魏忠贤又以苏杭织造太监李实名义，上疏诬陷周起元等七人"欺君蔑旨"，逮捕和迫害东林党人高攀龙、周宗建、缪昌期、李应昇、周顺昌、黄尊素和周起元七人。史称其为"七君子之狱"。

（8）炮制《三朝要典》，对东林党人大肆诋毁。天启六年，魏忠贤集团在取得对东林党人的绝对胜利后，又通过编写史书《三朝要典》，对当时派系斗争最激烈的梃击、红丸、移宫三案按照有利于他们的立场和观点进行解释，对东林党人的论点进行评论和批判，以巩固魏忠贤集团的优势地位，并为进一步迫害东林党人制造舆论。

---

① 《明史》卷240，《韩爌传》。
② 《明史》卷240，《朱国祯传》。
③ 参见南炳文、汤纲著：《明史》（下），上海人民出版社2014年版，第834—837页。

第十二章　崇祯悲歌

作为明朝的亡国之君，崇祯皇帝固然令人同情，然其悲剧之发生，既有明朝政治衰败无法挽救之客观因素，但何尝不是崇祯皇帝其人性格偏执与为政能力太差所导致的呢？他性格复杂多变，集稳重与急躁，机智与愚蠢，胆略与刚愎等矛盾性格于一身。复杂性格的背后，是复杂的政治形势。万历、天启多年积累起来的矛盾，农民起义、清军入侵、连年灾荒、大臣党争、官员腐败，等等，都让这位末世帝王无比的头痛和无奈。一方面，他能勤政自律，立志有为；另一方面，他又苛察自用，缺乏知人用人之明。他能耐心地与魏忠贤集团周旋并成功地将其一网打尽，却又信任宦官，自毁长城杀害袁崇焕；他想挽救统治危机，却君心自用，极度不信任大臣，频繁地更换军政要员。作为一位乱世君王，性急、轻信、多疑、好杀，是造成他统治失败、导致王朝灭亡的个人因素。

一、崇祯初政，铲除阉党

天启七年（1627 年）八月，明熹宗去世，年仅二十二岁，由于明熹宗没有留下子嗣，只能由其弟信王朱由检继承皇位。这一个偶然的机遇使朱由检登上了皇位，翌年改年号为"崇祯"，是为明思宗。

（一）铲除魏忠贤集团

崇祯皇帝即位后第一件政事便是铲除了魏忠贤集团。

对于魏忠贤集团在朝中的力量，崇祯帝心中十分清楚，如果在即位之初就除去魏忠贤，很可能会激起宫廷内乱，引发朝局的动荡。因为魏忠贤苦心经营多年，内廷有王体乾等一批宦官支持，外廷有崔呈秀等官僚呼应，明熹宗临终时，又将其作为辅佐大臣。魏忠贤的势力盘根错节，根深蒂固，崇祯皇帝不能不小心翼翼。

（1）虚与委蛇，暂时稳住魏忠贤。崇祯帝即位后表面上对魏忠贤信任不疑，两个月内不但两次驳回魏忠贤提出请求辞职的要求，而且对他安抚有加。为迷惑魏忠贤，崇祯帝小心行事，将魏忠贤的侄子魏良卿封为宁国公、魏良卿的儿子封为安平伯，并赐予其父子免死的铁券。对魏忠贤的死党、已故大学士魏广征，仍追赠为太师。魏忠贤见崇祯帝对自己仍很信任，因而也就放下心来。在安抚魏忠贤的同时，崇祯帝开始逐步采取削弱魏忠贤权力的措施。

（2）在内廷，不动声色地扶植自己的势力。在稳住魏忠贤后，崇祯帝不动声色地将自己身边随侍的宦官加以更换，将过去在信王府中的旧人调入宫中，而把魏忠贤安排的一些人调入其他机构或令其退休。同时，崇祯帝还下令遣散内厂，解散了这支由宦官组成并由魏忠贤控制的私人武装，也就是解除了近在腑脏的威胁，让宫廷内部不可能出现武装政变。

（3）在外廷，解除魏忠贤死党崔呈秀等的职务。崔呈秀为魏忠贤的死党"五虎"

之首，此时他任兵部尚书兼左都御史，又加太子太保，不仅掌控着朝廷兵权，而且还掌控监察大权，是魏忠贤在外朝的主要帮凶。天启末年，崔呈秀母死，按制应回乡守丧三年，但在魏忠贤庇护下作为"夺情"特例处理。崇祯帝即位后，一些官员纷纷上书弹劾崔呈秀，崔呈秀惶惶不安，为试探崇祯帝的态度，崔呈秀上疏请辞职还乡守制。崇祯帝顺水推舟，下令"准回籍守制"，解除了崔呈秀所有职务，让魏忠贤失去了在外廷中的主要帮凶，削弱了魏忠贤对朝政的控制能力。

（4）在时机成熟后果断铲除魏忠贤集团。直到天启七年（1627年）十一月，崇祯帝已即位三个多月，在大局已经基本稳定的情况下，开始铲除魏忠贤集团。首先，崇祯帝利用群臣的弹劾将魏忠贤罢黜安置于凤阳，魏忠贤在路上自杀。其次，崇祯帝下诏追究魏忠贤之罪，罚没其全部财产，又下令处死与魏忠贤狼狈为奸的客氏，魏忠贤余党也相继全部受到严惩。六部官员、侍郎、都御史等高级官员几乎全被撤换。到崇祯二年（1629年）三月，朝廷正式颁布"钦定逆案"，对魏忠贤集团予以不同情况分几等下达处理决定：首逆魏忠贤和客氏凌迟处死。二等"首逆同谋"的崔呈秀、李朝钦、李永员、魏良卿、侯国兴、刘若愚六人被处死刑。三等田尔耕等十九人被处死缓。四等魏广征、周应秋等十一人被充军。五等顾秉谦、冯铨等一百二十九人被判徒刑三年并输赎为民。六等黄立极等四十四人被"革职闲位"。[①]至此，魏忠贤集团被彻底清除。

（二）平反被魏忠贤迫害的东林党人及其他正直官员

铲除魏忠贤集团后，在朝廷中为东林党人翻案的呼声日益高涨。要为东林党人翻案，就要废除前朝制定的《三朝要典》。崇祯三年四月，崇祯帝下诏书废除《三朝要典》，为东林党人平反，将魏忠贤处理的"三案"（梃击案、红丸案、移宫案）又重新颠倒过来，朝政人心一时为之一新。

---

① 齐涛主编，朱亚非著：《中国政治通史》（8），《精致极权的明朝政治》，泰山出版社2003年版，第353页。

二、急于求成，重典绳下

崇祯帝虽然勤政求治，但急于求成，急功近利，严苛臣下，猜忌多变。崇祯二年（1629年）九月，顺天府尹刘宗周上奏疏谏说："陛下求治之心，操之太急。酝酿而为功利，功利不已，转为刑名。"①同年十一月，河南府推官汤开远针对官吏处罚过多的现象，奏疏批评崇祯帝说："皇上急于求治，诸臣救过不给。临御以来，明罚敕法，自小臣以至大臣，与众推举或自简拔，亡论为故为误，俱褫夺戍配不少贷，甚则下狱拷追，几于刑乱国用重典矣。"②崇祯三年，刘宗周又一次上疏尖锐批评："陛下以重典绳下，逆党有诛，封疆失事有诛。一切讹误，重者杖死，轻者谪去，朝署中半染赭衣。而最伤国体者，无如诏狱。"③崇祯八年汤开远在奏疏中指出这种情形说："臣读明旨，谓诸事皆经确核，以议处有铨部，议罪有法司，稽核纠举有按臣也。不知诏旨一下，铨部即议降议革，有肯执奏曰'此不当处'者乎？一下法司，即拟配拟戍，有肯执奏曰'此不当罪'者乎？至查核失事，按臣不过据事上闻，有原功中之罪、罪中之功，乞贷于朝廷者乎？是非诸臣不肯分别也，知陛下一意重创，言之必不听，或反以甚其罪也。"④据统计，崇祯帝统治十七年，所诛总督七人，包括郑崇俭、袁崇焕、刘策、杨一鹏、熊文灿、范志完、赵光抃。巡抚被戮者十一人：蓟镇王应豸，山西耿如杞，宣府李养冲，登莱孙元化，大同张翼明，顺天陈祖苞，保定张其平，山东颜继祖，四川邵捷春，永平马成名，顺天潘永图。明朝阁臣，因"贵极人臣"，甚受尊礼，因罪被杀者极少，而崇祯时却连杀两人。由于罪废相踵，使得官员的更换十分频繁。如蓟镇总督曾经半年中换了五人；在崇祯皇帝统治的十七年中，兵部尚书换了十四人，刑部更换尚书十七人。内阁大学士也多不得久任，十七

---

① 《明史》卷255，《刘宗周传》。
② 《明史纪事本末》卷72，《崇祯治乱》。
③ 《明史》卷255，《刘宗周传》。
④ 《明史》卷258，《汤开远传》。

年中所用竟至五十人，其中先后担任首辅的即达十几人。崇祯帝对百官严峻刑法，目的在于逼人趋事赴功，但结果却适得其反，百官为了躲法而不做事。时人对此多有议论，如刘宗周曾说："陛下求治太急，用法太严，布令太烦，进退天下士太轻。诸臣畏罪饰非，不肯尽职业，故有人而无人之用，有饷而无饷之用，有将不能治兵，有兵不能杀贼。"[1] 因为崇祯帝的求治过急，为人多疑，严刑峻法与频繁更换官员，清军壮大、农民起义风暴不断扩大的内忧外患严峻形势不能得到有效的治理与改观，这是其统治失败的一个重要原因。

三、官员腐败，财政腐败

崇祯年间，官员贪污，赋税严苛，这是造成农民起义、明王朝统治失败的重要原因。

（1）官员腐败。官吏贪污腐败，是君主官僚政治体制下的痼疾之一。进入崇祯年间，这一现象更加厉害。官吏升迁，全凭贿赂。崇祯十五年（1642年），"一监司以五千金营边抚，疑其俸浅，又益二千金，卒得之。一部郎谋浙海道，议者云'须五千'，作事者靳之，仅许三千金；虽先献半，竟得一守而去：令之俸足者，得礼曹亦必二千，兵曹亦必千金。有营之铨曹，为出一缺，而大力复攫去，绝无无翼而飞者。"[2] 办理其他公务，也离不开贿赂。如军队到京城"请饷，须常例，凡发万金，例扣三千，故长安有饷不出京之谣"。"其他外官常例"，同样不可少，其名目"不胜枚举"[3]。军队里的军官，靠"虚冒"来贪污。"虚冒者，无其人，诸将及勋戚、奄寺、豪强，以苍头冒选锋壮丁，月支厚饷。"[4] 据记载，崇祯末年，京营的名簿上有士兵

---

① 《明史》卷 255，《刘宗周传》。

② ［明］李清著：《三垣笔记》附识上。

③ 《国榷》卷 99。

④ 《明史》卷 265，《李邦华传》。

十一万多，而实际上，"半死者，余冒伍"①。"吃空额"是军官贪污的重要办法之一。在官吏的影响下，经办公务的吏役也都寻找机会，贪污中饱。到崇祯十四年（1641年）十一月，"赋役全书设，而往往拖欠，何也？浙直之弊，半在奸胥。问百姓则年纳一年，少分毫犹加鞭扑，奸胥侵渔，任其影射，重累百姓。一遇赦除，则百姓不沾，奸胥饱腹。虽计部参罚，司牧降谪，犹不能穷。盖头绪多端，条鞭外有辽饷，辽饷外有练饷。至各省修城置器，并无他出，亦不过派之田亩。一限不宽，二限继行。吏书借为生涯，差役因之营活。"②因为贪风太盛，"一督抚也，非五六千金不得；道府之美缺，非二三千金不得；以至州县并佐贰之求缺，各有定价；举监及吏承之优选，俱以贿成"③，崇祯年间贪污受贿的问题发展到如此程度，真可谓病入膏肓了。

（2）财政破产。明代中期的财政窘境在张居正改革时曾一度缓解，以户部所辖的太仓收入的白银为例，从嘉靖、隆庆年间每年二百万两左右，增加到万历前期的三四百万两。张居正去世后，土地问题突显，大土地所有制的恶性发展，既影响到广大农民的物质利益和生存条件，也影响到国家的财政收入。到明朝后期天启、崇祯时期，国家的财政收入日益减少，入不敷出，因财政压力而导致的统治危机日益严重。

天启、崇祯年间，财政压力主要表现在军费开支上面。军费支出增加，势必加重民众的赋税负担。崇祯二年九月，刘宗周批评："一时所讲求者，皆掊克聚敛之政。"④崇祯八年二月，右庶子倪元璐指出："今民最苦，无若催科。"⑤

具体来说，崇祯年间因军费支出增加而增加的赋税共有三大项：其一，辽饷之续增。崇祯三年九月，因"兵食不足"，兵部尚书梁廷栋请再增田赋，户部尚书毕自严阿其意，策划于原来的辽饷每亩银九厘外，再增银三厘，于是共增银

---

① 《明史》卷266，《王章传》。

② 《国榷》卷97。

③ 《国榷》卷89。

④ 《明史》卷255，《刘宗周传》。

⑤ 《国榷》卷94。

一百六十五万。这一续增始于崇祯四年（1631年），于是该年辽饷的田赋部分总数达到了银六百六十七万九千二百零八两；这一数字再加上该年的辽饷的杂项、盐课、关税等项银两，该年辽饷总数高至一千零二十九万九千六百零二两[①]。其二，剿饷之开征。这是崇祯十年兵部尚书杨嗣昌为镇压日益发展的农民起义而建议开征的。其总数为银二百八十万两，而筹措的办法有四："曰因粮，曰溢地，曰事例，曰驿递。因粮者，因旧额之粮，量为加派，亩输粮六合，石折银八钱，伤地不与，岁得银百九十二万九千有奇。溢地者，民间土田溢原额者，核实输赋，岁得银四十万六千有奇。事例者，富民输资为监生，一岁而止。驿递者，前此邮驿裁省之银，以二十万充饷。"[②] 其三，练饷之开征。此饷开始于崇祯十二年六月，总数为银七百三十万两。其规定用途为抽练各镇边兵及各地民兵。其征收对象主要是土地，另外，也包括量增关税、裁减站银及节省公费等项目。

为了保证赋税按额征收到手，崇祯帝对官吏征收赋税进行严格的考察，将其完成征收任务的好坏列为升迁的重要依据。史载，"上初即位，便严于钱粮，部议知府非完钱粮不得升司道，推（官）、知（县）非完钱粮不得与考选。于是松江方郡伯岳贡、苏州陈郡伯洪谧，有住俸数十次，降至八十余级者"[③]。崇祯五年，兴化人解学龙由太仆卿"改右佥都御史，巡抚江西"，发现"所部州县七十八，而坐逋赋降罚者至九十人"[④]。对于遭受兵灾或发生自然灾害的地方，崇祯帝间或亦有蠲免钱粮之举，但多数还是不肯减免。崇祯帝如此重视赋税征收，一方面是因为对清军战争及镇压农民起义的需要，另一方面则是因为军官的贪污无法从根本上加以制止，这就使之不能不设法筹措数额巨大的军费。严格赋税的征收，正是他借以解决军费问题的办法。[⑤] 横征暴敛，结果只能是饮鸩止渴，激化社会矛盾，引发民间更大的动荡，从而

---

① 郭松义：《明末三饷加派》，载《明史研究论丛》第2辑。
② 《明史》卷252，《杨嗣昌传》。
③ 《三垣笔记》上。
④ 《明史》卷275，《解学龙传》。
⑤ 参见南炳文、汤纲著：《明史》（下），上海人民出版社2014年版，第900—902页。

加速其统治的崩溃。

四、农民起义，清军入关

（一）明末农民大起义与明王朝的灭亡

明末天启、崇祯年间，陕西连年灾荒，官府征督如故，赋役苛重，民间抗暴图存事件此起彼伏，逐渐酝酿成大规模的饥民反政府风暴。崇祯三年（1630年），明廷派陕西三边总督洪承畴调集大军追剿陕西农民军，各路义军纷纷转移至山西，联合推紫金梁王自用为盟主，相继转战于山西、河南、河北、湖广、陕西、四川等地。崇祯六年冬，在明军重兵围剿下，起义军接连遭受挫折，于是以伪降为掩护，乘敌不备，一举突破黄河天险，进入中原作战。农民军在河南得到重大发展。崇祯八年正月，闯王高迎祥等率农民军主力东入安徽，攻占颍州，并乘胜一举攻克中都凤阳，打出"古元真龙皇帝"大旗，焚毁皇陵享殿、龙兴寺，挖掘皇帝祖坟，给明皇朝以沉重打击。崇祯九年，高迎祥被俘后遭杀害，农民军形成以李自成、张献忠为主的两大力量。李自成等部活跃于陕西、宁夏、甘肃；张献忠、罗汝才等部转战于河南、湖广、安徽等地。崇祯十年，明廷起用杨嗣昌为兵部尚书，增兵加饷，加紧围剿镇压起义军。同年八月，张献忠在河南南阳被官军左良玉击败负伤，次年于湖北谷城接受明廷招抚。罗汝才等活动于河南、湖广地区的多数义军也相继接受招安。崇祯十一年，李自成等部在陕甘连遭挫折，陷入困境。崇祯十二年五月，张、罗等部在谷城、房县再次起义，转战四川。崇祯十三年，李自成乘张、罗等部拖住官军主力的机会，率部挺进河南。李自成入豫之初，兵力不足千人，当地饥民争相归附，迅即燃成燎原之势，发展成几十万人的大军。一些地主阶级知识分子如牛金星、宋献策等人也投身到农民起义队伍中来。经多年磨炼，领导集团素质提高，更加成熟、坚强。农民军军纪严明，并提出"均田免粮""迎闯王，不纳粮""平买平卖"等口号，严厉镇压王公、贪吏、地主豪绅，开仓济贫，保护农民群众和手工业者、小商人利益，切中时弊，深受欢迎。而此刻，因张献忠、罗汝才等部积极活动，牵制了政府军兵力；为对付清兵侵扰，明主力撤出河南，统治力量相对薄弱。崇祯十四年（1641年）二月，张献忠攻克襄阳，明襄王朱翊铭被活捉斩杀。李自成攻克洛阳，杀福王朱常洵，不久，李自成又围攻开封，多次击败明军主力。起义军与明官军之间的力量对比开始发生变化，明王朝覆灭的颓势已经无法挽回。

崇祯十五年，李自成挥师南下，进军湖广，接连攻占襄阳、荆州、承天（今湖北省钟祥县）等地，李自成威望进一步提高，农民军从联营作战向以李自成为首的统一农民军过渡，除张献忠部外，都统一接受李自成号令，这为推翻明王朝、建立中央政权奠定了基础。崇祯十六年初，李自成发布《剿兵安民檄》，历数明朝"昏主"罪状，表达了急兴仁义之师、拯民涂炭的决心。农民军改襄阳为襄京，正式建立政权机构。接着，李自成率军在河南击溃明军主力陕西总督孙传庭部后，又乘胜攻破潼关、占领西安、相继拔除官军西北地区据点，为进军北京夺取全国政权解除后顾之忧。崇祯十七年正月，李自成进一步发展完善农民军政权，以西安为西京，正式建国，国号大顺，改元永昌。正月初八，大顺军开始渡河东进向北京进军。李自成、刘宗敏统率主力正面进攻太原、宁武、大同、宣化、居庸关，刘芳亮等人率偏师攻取黄河以北大部郡县，从而形成战略大包围，向北京展开钳形攻势。大顺军一路扫荡，所向披靡，三月十七日进抵北京城下，十八日夜占领外城，崇祯帝朱由检走投无路，在宫内煤山（今景山）上吊自杀。三月十九日，大顺农民军占领北京，宣告了明王朝的灭亡。

大顺政权所辖范围，包括整个华北、西北，山东、河南全省，以及湖北、江苏部分地区。攻占北京之后，大顺政权迅速采取措施严肃军纪、稳定社会秩序；接管和清理明朝廷各机构，并派员到各地接管地方政权；严厉打击厂卫特务机构和宦官集团；清点府库仓储，没收皇宫、宗室、勋戚、太监财产，继续执行对贪官污吏追赃助饷的政策；着手筹备即位典礼，草拟政策、法令、仪注；同时抽调部分军队南下为南征完成统一大业预作准备。

与李自成在北方节节胜利的同时，张献忠于崇祯十六年（1643年）五月攻占汉阳、武昌，称大西王，也建立起与明王朝对峙的农民军政权。崇祯十七年正月再入四川，一度名义上承认李自成大顺政权的正统地位，遵用永昌年号。后大顺军被清兵击败，大西军攻占重庆、成都。张献忠于八月占领成都后，正式建立政权，称大西国王，不久称帝，年号大顺，以成都为西京。①

（二）清军入关与统一全国

正当明朝统治江河日下之时，在东北地区，从万历十一年到万历十六年（1583—1588 年），努尔哈赤统一建州女真。在统一过程中，努尔哈赤创建八旗制度，并于万历四十四年（1616 年）在赫图阿拉（辽宁新宾）建立大金政权（史称后金），从此开始了与明朝争夺天下的战争。

努尔哈赤死后，其继承人皇太极加快了对后金政权的建设。

崇祯四年八月，皇太极效仿明朝政治体制，建立六部作为最高行政权力机构。崇祯九年，皇太极称帝，改金为清，将政权机构进一步完善。（1）建立内三院。内三院是内国史院、内秘书院、内弘文院。内国史院掌注起居，撰写诏令及编纂史书；内秘书院负责文书和圣旨起草；内弘文院掌注释古今政事得失、讲解经史与颁布制度。三院各设大学士一名、学士二名，实际上与明朝内阁大学士地位相当，是皇帝的参谋和助手。（2）设立都察院。都察院的职责是对包括大汗、贝勒、各旗旗主及各部尚书在内的高级官员行使劝谏，弹劾、纠察大臣，独立行使监督之权。（3）建立理藩院。为了与蒙古贵族结盟，建立了理藩院。内三院和六部、都察院、理藩院合称为六部八衙门，它们的建立，标志着新兴的清政权的雏形已经形成。

崇祯十六年（1643 年），皇太极去世，经过内部皇位之争，最后福临即位，是为清朝顺治皇帝，因为福临年幼，清政权暂时由皇太极之弟多尔衮摄政。李自成占领北京后，清朝内枢密院大学士范文程立即上书多尔衮，向他提出南下夺取中原的战略方针，这个方针主要有三条：（1）趁中原内乱加剧，当机立断南下夺取北京，入主中原。（2）改变战略方针和策略，将过去提出的联合农民军打击明朝的方针改变

---

① 参见施建中主编：《中国古代史》（下），北京师范大学出版社 1996 年版，第 327—328 页。

为联合明军打击农民军，把农民军当作主要敌人，争取明朝士大夫，并且对中原地区人民实行安抚政策。（3）夺取北京，但要在山海关长城以西选择一个城市驻扎重兵，以备万一北京无法攻下时作为退路，并为再次南下创造机会。应该说，范文程的这个建议是极富远见的，这个建议预示着清朝初期政策的重大转型：（1）改过去的缓进中原为立即进兵夺取中原；（2）改过去以明朝为主要敌人而将占据北京的大顺农民军政权作为主要敌人，并将明朝官员当作争取对象；（3）一改过去清军入关以后烧杀掳掠的作风，改为对百姓的安抚政策。这种变化为清军入关统一全国减轻了许多压力，其后的历史发展证明了它的正确性。

其时，镇守宁远至山海关三百里防线的明宁远总兵吴三桂部，是一支拥有精兵四万、地方地主武装八九万的军事力量，为农民军、清军二方所关注的举足轻重的劲旅。大顺军攻占北京后，李自成即派居庸关降将唐通率本部兵马前往山海关招降吴三桂和山海关总兵高第。吴三桂见明廷大势已去，父亲吴襄等家属又在北京，为保住身家产业决定率部归降李自成，然三月下旬，传来吴襄追赃被拷索饷二十万和爱妾陈圆圆被李自成大将刘宗敏所占的消息，盛怒之下降而复叛，四月，李自成亲率大军前往山海关平叛。吴三桂自知无力与大顺军抗衡，遂投靠满洲贵族。

四月二十一日，大顺军向吴三桂发动攻击，清军乘机参战，李自成失败后于二十六日退回北京，四月二十九日，李自成在武英殿即位后主动撤出北京。五月二日，清军占领北京。九月，顺治帝迁都北京。顺治二年（1645年），在清军的进攻下，李自成的大顺政权与张献忠的大西政权相继失败。此后，清军又先后消灭南明弘光、永历割据政权，完成了国家统一。中国历史进入了清朝二百六十八年统治的时期。

结语　明朝政治得失论

明朝的历史，可依据十六位皇帝（不包括南明诸帝）的政治作为来俯瞰其踪迹。

（一）政治奠基时期。洪武元年（1368年）至永乐二十二年（1424年）是明朝政治基本稳定、国力迅速发展的上升时期。

明朝建立后，明太祖朱元璋为巩固统治，实行"以猛治国"政策，对从中央到地方的行政体制进行了大刀阔斧的改革，在中央废丞相与中书省，由六部直接对皇帝负责；在地方废除行中书省，设立承宣布政使司、提刑按察使、都指挥使，三司权力独立，直接归中央指挥。朱明王朝的基本政治框架由此而定。洪武年间，朱元璋"惩元政废弛，治尚严峻"，注意"澄清吏治""尊崇正学"①，推行有利于经济恢复和发展的政策，使得元末被长期战乱摧残的社会经济重新获得了活力。但他实行的封王建制，导致了他身后的皇权动荡与靖难之役。

朱元璋去世后，性格懦弱的皇太孙朱允炆即位，是为明惠帝，年号建文。建文帝即位后，能够"诏行宽政，赦有罪，蠲逋赋"。但他依靠一帮文人治国，"典章制度，锐意复古"②，为消除藩王潜在威胁，着急实施严厉削藩政策，燕王朱棣发动靖难之役，夺位登基，是为明成祖，年号永乐。明成祖朱棣"即位以后，躬行节俭，水旱朝告夕振，无有壅蔽。知人善任，表里洞达，雄武之略，同符高祖。六师屡出，漠北尘清。至其季年，威德遐被，四方宾服，受朝命而入贡者殆三十国。幅陨之广，远迈汉、唐。成功骏烈，卓乎盛矣"。③他在位期间，稳步地剪除了藩王对中央集权的威胁，继续奉行朱元璋确定的治国安民方针，促进了社会经济的恢复和发展。他迁都北京，一反洪武、建文时期的消极防御策略，五次亲征漠北蒙古贵族的割据势力，积极拓展对外交往，多次派遣郑和下西洋，使明帝国与海外诸国的联系达到盛况空前的境地。明成祖的内政外交，在提高了大明帝国威望的同时，也给国家带来沉重的财政负担。

---

① 《明史》卷3，《太祖本纪三》。
② 《明史》卷4，《恭闵帝本纪》。
③ 《明史》卷7，《成祖本纪三》。

（二）政治承平时期。洪熙元年（1425 年）至宣德十年（1435 年）是明朝政治承前启后的重要发展时期。

明成祖之后，相继登上皇位的是明仁宗朱高炽（年号洪熙）和明宣宗朱瞻基（年号宣德），他们缺乏朱元璋、朱棣那样的雄才大略，治国方针遂从开拓进取向守成求稳转变。但他们尚能够勤政务实，对内推行轻徭薄赋、与民休息政策；对外采取收缩性的政策。因此，洪熙、宣德时期，政治稳定，社会经济继续向前发展。史称"朝无废事"①，"吏称其职，政得其平，纲纪修明，仓庾充羡，闾阎乐业，岁不能灾。盖明兴至是历年六十，民气渐舒，蒸然有治平之象矣。"② 不过，正是在这一时期，从洪武年间就存在的阶级分化和社会矛盾开始加大，在繁荣盛世的背后，已经潜伏着深刻的政治危机。

（三）政治开始退化时期。自正统元年（1436 年）至天顺八年（1464 年）是明朝政治退化、日趋混乱时期。

明宣宗朱瞻基去世后，朱祁镇即位，是为明英宗，年号正统。在其统治的最初几年里，决策大权掌握在太皇太后（即仁宗皇后）张氏以及内阁大臣杨士奇、杨荣、杨溥等人手中，"仁宣之治"的局面得以维持。正统七年太皇太后张氏去世，宦官王振大权独揽，广植党羽，形成明朝历史上第一次宦官乱政局面。正统十四年"土木之变"，明英宗被瓦剌也先俘虏。为了填补最高权力的空白，大臣于谦等拥立郕王朱祁钰监国，不久又即帝位，是为明景帝，年号景泰。明景帝在英宗被俘、瓦剌大军兵临北京城下时，"奉命居摄"有"再造之绩"③。北京保卫战胜利后，明英宗被放还。景泰八年（1457 年）初，少数朝臣和宦官趁明景帝病重发动"夺门之变"，明英宗重新登上皇位，改年号为天顺。明英宗复辟后并没有从正统时的失败中吸取教训，也没有在整顿朝政方面采取有效的措施，在他统治时期，政治继续腐败混乱，只是在

---

① 《明史》卷 8，《仁宗本纪》。
② 《明史》卷 9，《宣宗本纪》。
③ 《明史》卷 11，《景帝本纪》。

"释建庶人之系，罢宫妃殉葬"等方面"可法后世"[①]。

明英宗之后，朱见深即位，是为明宪宗，年号成化。明宪宗既无治理国家的能力，也无处理政务的兴趣。在他统治时期，"蠲赋省刑，闾里日益充足"，然任用宦官汪直把持朝政，"西厂横恣"[②]，进退大僚，为非作歹，朝政腐败；"皇庄"兼并土地日趋加剧，民众的生活状况更加恶劣，出现了明朝历史上规模最大的流民潮，而朝廷对流民问题的处理又很不得体，以致酿成了声势浩大的荆襄流民大起义。

（四）政治短暂"小治"时期。弘治元年（1488 年）至弘治十八年（1505 年）是明孝宗政治短暂复兴时期。

明宪宗死后，明孝宗朱祐樘即位，年号弘治。与英宗、宪宗相比，明孝宗可算是一位有作为的皇帝。他在位期间，能够勤于政事，躬行节俭，虚心纳谏，广开言路，斥逐奸邪之徒，任用正直之士，注意减轻百姓负担，缓和社会矛盾，一度让明王朝的政治暂时又恢复到一个"朝序清宁，民物康阜"[③]的局面。

（五）政治继续败坏时期。自正德十六年（1521 年）至嘉靖四十五年（1566 年）是明朝政治继续败坏时期。

继明孝宗之后登上帝位的明武宗朱厚照，年号正德。他是明代行为最怪诞、荒唐的皇帝，对朝政漠不关心，"耽乐嬉游，暱近群小"[④]。他在位时期，宦官刘瑾专权，政治、社会矛盾继续激化，安化王朱寘鐇和宁王朱宸濠先后发动叛乱，不过都很快失败，因为此时的藩王早已丧失了与朝廷抗衡的力量。

明武宗之后，朱厚熜即位，是为明世宗，年号嘉靖。嘉靖初年，明世宗也颇有锐意求治的决心，"御极之初，力除一切弊政，天下翕然称治"[⑤]。他惩治奸佞，广开言路，平反冤狱，屏绝玩好，清理庄田，赈贷救荒，可惜为时不久。围绕尊追世宗

① 《明史》卷 12，《英宗后纪》。
② 《明史》卷 14，《宪宗本纪二》。
③ 《明史》卷 15，《孝宗本纪》。
④ 《明史》卷 16，《武宗本纪》。
⑤ 《明史》卷 18，《世宗本纪二》。

生身父亲兴献王朱祐杬为皇帝的问题，在皇帝与朝臣之间、朝臣与朝臣之间发生了史称"大礼议"的激烈争论。这场争论前后延续十数年，持反对态度的大臣悉遭罢斥。此后，明世宗锐意求治的决心日益消磨，越来越深地沉迷于方术和斋醮之中，任用奸相严嵩，屠戮忠正，贪贿成风，朝政日益腐败，"百余年富庶治平之业，因以渐替"①。不过，此前数朝屡酿祸患的宦官专权局面，终嘉靖之世未再出现，内阁也获得了前所未有的权力；尤其是内阁首辅一职，位高权重，朝臣们常围绕此职发生激烈角逐，以致嘉靖年间的几位首辅虽都煊赫一时，却少能善始善终。明世宗虽然荒芜政务，但尚能牢牢地控制朝政。

（六）隆庆与万历初十年的改革与调整时期。从隆庆元年（1567 年）到万历十年（1582 年）是明朝政治的改革与调整时期。

明世宗之后，朱载垕即位，是为明穆宗，年号隆庆。明穆宗虽然"宽恕有余而刚明不足"②，但尚能端拱无为，悉心委政于内阁。明穆宗统治时期，内阁首辅高拱与阁臣张居正合作，澄清吏治，加强边防，整顿赋役，推行了一系列改革措施，为万历初年的改革奠定了基础。在北部边疆，高拱利用俺答部贵族家族内部的矛盾，成功地实现了封贡互市，创造了北部边境地区难得的和平局面。明穆宗之后，明神宗即位，年号万历。万历初年，张居正抓住机会，联合宦官冯保驱逐了高拱，自己出任首辅，并得到了穆宗陈皇后和神宗生母李太后的充分信任，遂雷厉风行地推行改革，对吏治、边防、学校、财政、赋役都进行了全面整顿，创造了一个"中外乂安，海内殷阜，纪纲法度，莫不修明"③的兴盛局面，暂时缓解了明王朝所面临的深重危机。万历十年，张居正去世，明神宗亲政后废除了张居正所推行的各项改革措施，怠惰淫奢，隆庆以来因为改革调整而改变的政治局面再度败坏下去。

（七）政治失控与明朝灭亡时期。自万历十一年至崇祯十七年（1644 年）是明朝

---

① 《明史》卷 18，《世宗本纪二》。

② 《明史》卷 19，《穆宗本纪》。

③ 《明史》卷 213，《张居正传》。

政治迅速败坏、局面逐步失控的时期。

万历后期，明神宗荒惰怠政，极少上朝，也极少召见大学士，对于章奏也不及时处理，常常是留中不报，甚至官吏任免也不能正常进行，从中央到地方许多官署都空虚缺员，朝政实际上处于半停顿状态。其时"纲纪废弛，君臣否隔"，党争激烈，统治集团内部纷争不已，东北的建州女真首领努尔哈赤乘机统一女真各部，于万历四十四年（1616 年）称帝，国号大金，与明朝公开分庭抗礼。明神宗长达四十八年的统治结束之后，嗣君明光宗朱常洛（年号泰昌）只做了一个月的皇帝便猝然去世。继明光宗为帝的明熹宗朱由校（年号天启），对政务不感兴趣，只醉心于木匠活和各种游艺活动。天启年间，党争仍然激烈，宦官魏忠贤把持朝政，对东林党人进行残酷打击。此时，各地农民造反风暴不断扩大，辽东军务不断吃紧，明王朝已经陷入了严重的统治危机，"溃败决裂，不可振救"[①]。

天启七年（1627 年），明熹宗病死，朱由检即位，是为明思宗，年号崇祯。崇祯帝虽然清除了魏忠贤阉党集团，积极求治，但此时明王朝已经病入膏肓。崇祯元年（1628 年），陕西发生了多起农民暴动，明末农民大起义的序幕由此揭开，不久便成燎原之势。崇祯二年，后金军队越过长城直逼北京城下，此后年年进犯，危机日深。崇祯帝虽然殚精竭虑，勤奋理政，试图挽狂澜于既倒，但他生性专断多疑，师心自用，求治躁急，"用匪其人，益以偾事……举措失当，制置乖方"[②]，结果局面愈发糟糕。崇祯十七年，李自成的农民军攻入北京，崇祯帝自缢身亡，同年清军入关，驱逐李自成，占领北京，持续了二百七十六年之久的明王朝从此为清王朝所取代，中国历史进入了一个新的变化发展时期。

---

① 《明史》卷 21，《光宗本纪》。
② 《明史》卷 24，《庄烈帝本纪二》。

附录　主要参考书目

［清］张廷玉等撰：《明史》，中华书局 1974 年版。

［清］谷应泰撰：《明史纪事本末》，中华书局 1977 年版。

［清］夏燮撰：《明通鉴》，中华书局 2009 年版。

［清］谷应泰撰：《明史纪事本末》，中华书局 2018 年版。

［明］张居正著，张嗣修、张懋修等编撰：《张太岳集》，中国书店 2019 年版。

［明］沈德符撰：《万历野获编》，中华书局 1989 年版。

［明］王世贞撰：《嘉靖以来首辅传》，中华书局 1991 年版。

［明］钱一本编纂：《万历邸钞》，江苏广陵古籍刻印社 1991 年版。

樊树志著：《万历传》，人民出版社 1993 年版。

白钢主编，杜婉言、方志远著：《中国政治制度通史》，第 9 卷，明代，人民出版社 1996 年版。

郑师渠总主编，陈梧桐主编：《中国文化通史》，明代卷，中共中央党校出版社 2000 年版。

张显清、林金树等著：《明代政治史》（上、下），广西师范大学出版社 2003 年版。

齐涛主编，朱亚非著：《中国政治通史》（8），《精致极权的明朝政治》，泰山出版社 2003 年版。

王天有审订，许文继、陈时龙著：《正说明朝十六帝》，中华书局 2005 年版。

刘祥学著：《明朝民族政策演变史》，民族出版社 2006 年版。

陈梧桐、彭勇著：《明史十讲》，上海古籍出版社 2007 年版。

范文澜、蔡美彪等著：《中国通史》（8），人民出版社 2009 年版。

朱东润著：《张居正大传》，湖南人民出版社 2013 年版。

刘志琴著：《大明首辅张居正》，商务印书馆国际有限公司 2014 年版。

梁启超等编著：《中国六大政治家》，中华书局 2014 年版。

南炳文、汤纲著：《明史》（上、下），上海人民出版社 2014 年版。

钱穆著：《中国历代政治得失》，九州出版社 2015 年版。

朱子彦著：《中国朋党史》，东方出版中心 2016 年版。

黄彰健校勘：《明实录》，中华书局 2016 年版。

吴晗著：《朱元璋传》，安徽文艺出版社 2018 年版。

陈梧桐著：《朱元璋大传》，中华书局 2019 年版。

万明著：《明史丛稿》，中国社会科学出版社 2020 年版。